Sueños al Destino

"ÉL TE ACOMPAÑA EN CADA TRANSICIÓN DE LA VIDA"

Debbie Joy Mora

WestBow
PRESS
A DIVISION OF THOMAS NELSON

WestBow Press books may be ordered through booksellers or by contacting:

WestBow Press
A Division of Thomas Nelson
1663 Liberty Drive
Bloomington, IN 47403
www.westbowpress.com
1-(866) 928-1240

ISBN: 978-1-4497-1155-9 (sc)
ISBN: 978-1-4497-1156-6 (e)

Library of Congress Control Number: 2011922934

Printed in the United States of America

WestBow Press rev. date: 03/03/2011

Dedicación

Quisiera dedicar este libro a mis tres hijos, Arty, Andy y Aarón, de quien soy tan orgullosa. Gracias por apoyarme fielmente en mis esfuerzos de escritura, sabiendo que Dios nos ha escogido como Sus vasos para cumplir con nuestro destino en la vida. Aunque las luchas desafiante pueden ser inconsolables en la jornada de la vida, es por mi relación con Dios que mi vida ha sido fortalecida por Su infinito amor para llegar a ser quien soy hoy en día. No hay palabras para expresar la apreciación que tengo para mis padres, quienes me han pasado mi herencia espiritual. Yo también me comprometo a enseñar a mis hijos los principios bíblicos de verdad que se encuentran en la Palabra de Dios. Mis oraciones son que ellos abracen este tesoro espiritual y viven la vida de acuerdo a la voluntad de Dios. Gracias Delia Mora, mi linda madre, quien ha sido el ejemplo viviente de una verdadera mujer de Dios, predicando Su Palabra alrededor del mundo, impactando vidas por Su gloria y viviendo una vida sagrada que agrada a Dios. También le doy gracias a mi hermano Jim y mi hermana Dinah por las horas incontables de ánimo y sabiduría durante mis etapas de transición en la vida. Gracias por creer conmigo que lo mejor de Dios está por venir.

Quiero expresar las gracias a dos amigas muy especiales que me han dado apoyo en oración e inspiración de caminar adelante para lo que Dios tiene para mí. Gracias Rhode, por una vida de amistad tan bella y por tu trabajo excelente en editar la traducción de <u>Sueños al Destino</u> en español. Gracias Hna. Ninfa por tu amistad y apoyo que guardo especialmente en mi corazón. A ambos seré para siempre agradecida y doy gracias a Dios por sus vidas. ¡Verdaderamente Dios las ha puesto en mi camino en la vida como conexiones divinas!

Quiero dar toda la honra y gloria a Dios, por darme la oportunidad de servirle a Él y por Jesús, mi Salvador, quien me ha permitido conocer la experiencia de tan grande salvación y gracia abundante. Gracias Espíritu Santo por ser mi Maestro y Guía y por la revelación que me has dado de conocer el poder de Dios para transformar vidas en Su imagen. ¡Gracias Dios por el privilegio de acompañarme durante la transición de mis Sueños al Destino!

Contenido

Capítulo 1:
Sueñe hasta Alcanzar tu Destino

*Llega a Ser Todo lo que Puedas un Día a la Vez

Nunca olvidaré lo difícil que fue tomar la decisión de soltar a mi sueño. Toda niña sueña de casarse con un caballero con brillante armadura quien la protegerá, y juntos compartirán una vida de sueños. En el año 1981, mi deseo se cumplió cuando me casé con el hombre de mis sueños. Para ese entonces, yo trabajaba como maestra misionera en Guatemala, Centro América. Cuando regresé a los Estados Unidos después de dos años fuera del país, visité una iglesia en Nogales, Arizona, donde conocí al hombre que iba a ser mi esposo. Después de un año, tuve un sueño que yo consideré una confirmación del Señor de que este hombre iba a ser mi esposo. En ese sueño, estábamos predicando en una iglesia un Domingo por la mañana. Yo estaba a su lado interpretando en inglés mientras el predicaba en Español. Aunque nunca había interpretado jamás en mi vida, yo sentí que era un escenario de nuestro futuro ministerio. Por lo tanto, me casé con mi caballero con brillante armadura y me sentí bendecida de poder ayudar a mi esposo entrar directamente al ministerio, primero como misionero y después como pastor. Fuimos bendecidos como recién casados y yo estaba muy feliz de complementar el ministerio de mi esposo. Todo era una gran bendición para el hogar de mis sueños y me sentía feliz de complementar su ministerio. Visitamos muchas iglesias antes de nuestro viaje misionero a Honduras, Centro América, donde ministramos en el Instituto Bíblico y en las iglesias entrenando a los líderes. Regresamos a los Estados Unidos para dar a luz a nuestro primer hijo y empezamos a pastorear en California. Pensé que mi matrimonio estaba asegurado a prueba de divorcio, pues estaba haciendo más por el bienestar de mi esposo que por mí misma. ¡Sin embargo, no sabía que poco después de la boda y después de poco tiempo en ministerio juntos, pronto mis sueños se derrumbarían; que debía soltar mi sueño y permitir al Señor a guiarme en mi nuevo camino hacia mi destino!

Era el otoño de 1997 y para este tiempo ya teníamos tres hijos. Habíamos tenido varios meses de sesiones de consejería matrimonial, pero no había evidencia de ninguna experiencia de cambio o mejoramiento por parte del esposo. Mi esperanza para lo milagroso empezó a desvanecerse porque él tenía un carácter fuerte, con mucho orgullo y no hacía esfuerzo a salvar nuestro matrimonio. Desesperada, busqué un consejero de la denominación a la cual pertenecíamos, y sabiendo que éramos pastores, y por lo complicado de la situación, me aconsejó que hiciera una cita con un abogado para consultar lo concerniente a las finanzas, mujeres y otros factores que demostraba evidencia que el pacto matrimonial se había roto. Además, había soportado una relación continua de abuso, tanto verbal como emocional por dieciséis años y esto no era el plan de Dios para mi vida. Todas mis oraciones y fe en la restauración de mi matrimonio estaban muy lejos de alcanzar por el orgullo fuerte en su vida. No podía pensar que tenía que vivir el resto de mi vida con él sin ver algún cambio. Toma las dos personas envueltas con el deseo de trabajar unidos y comprometerse uno al otro al desarrollo de una relación de confianza que puede una vez más construir unidad y harmonía por muchos años.

Malaquías 2:14 nos habla de…*"la esposa del pacto"*. De acuerdo al propósito de Dios, el matrimonio es un pacto. El pacto es el secreto que asegura el éxito de la relación matrimonial. Cuando se ignora o se olvida este secreto, el matrimonio pierda su santidad, y por lo tanto, pierda su fuerza y estabilidad. Un matrimonio cristiano no funciona sin la gracia sobrenatural de Dios y esta gracia se recibe solo cuando el marido y su esposa se entregan a Dios y el uno al otro en un compromiso del pacto. Sin el pacto matrimonial, no puede haber unión y sin un compromiso, no puede haber un pacto.

Después de muchos años de oración, meditación y ayunos sobre la voluntad de Dios, especialmente con las circunstancias en su punto culminante, yo tenía dos opciones.

1. Podía aceptar que continuara la relación abusiva, no sabiendo lo que me podía suceder a mi o mis hijos. Yo sabía que esa no era la manera saludable de vivir, mucho menos la voluntad de Dios.

2. Podía separarme del abuso y confiar en Dios de ser mi Esposo y un Padre para mis tres hijos. Para poder tomar la decisión correcta, tenía que confiar en la gracia de Dios para guiarme en la decisión que tomaría, una decisión que cambiaría totalmente el curso de mi vida.

I Timoteo 1:14 dice,

"La gracia de nuestro Señor fue más abundante…"

¡No lo sabía, pero Su gracia estaba por derramarse sobre mí como nunca! Hay veces cuando el amor de Dios por nosotros permite que se mueva en maneras que no lo entendemos, como es mencionado en ...

Isa. 55:8-9

> *"Porque mis pensamientos no son vuestros pensamientos, ni vuestros caminos mis caminos, dijo Jehová. Como son más altos los cielos que la tierra, así son mis caminos más altos que vuestros caminos, y mis pensamientos más que vuestros pensamientos."*

La razón por lo cual acepté consultar con un abogado fue porque trataba de mantener vivo mi sueño. Pensé que quizá mi esposo al ver los documentos legales, recapacitaría lo concerniente a lo que estaba pasando en nuestro matrimonio y que los votos sagrados se estaban cortando. Pensé, *"Esta será su oportunidad de comunicarse conmigo. Demostrará su interés y peleará por rescatar su matrimonio"*. ¡Cuán equivocada estaba! Para mi sorpresa, él aceptó los documentos de la corte y rápidamente respondió por escrito que aceptaba el divorcio. ¡Esa fue la evidencia de que no tenía interés en salvar nuestro matrimonio, por lo tanto, no le importaba perderlo! ¡Esto me provocó un estado de shock! Sin embargo, continué orando para que posiblemente, durante el proceso, el recapacitaría, sus ojos serían abiertos y razonaría la perdida grande que tendría al perder a su esposa y sus tres hijos como familia. Seguramente, él sabía que esto no era la voluntad de Dios, sin embargo, sucedió lo opuesto de la voluntad de Dios. Con su actitud, demostró que él deseaba que esto sucediera y solo había permanecido casado conmigo por otros intereses personales. ¡Solo estaba esperando que yo diera el primer paso! Unos de sus intereses era que la denominación de la cual éramos pastores, no le retirara su credencial ministerial que era la manera de la cual podía pastorear en esa denominación y tener su salario. Desafortunadamente, el proceso de divorcio siguió su curso.

Hasta la fecha, no puedo entender como una denominación cristiana tiene como reglamento de poner la culpa en la primer persona que aplica por un divorcio, sin hacer una investigación sobre la razón por lo cual aplicó la persona inicialmente. Parece que debe de haber un procedimiento para investigar las razones por las cuales se originaron los problemas en el hogar del pastor y como meta final, lograr la reconciliación. Yo empecé a sentirme desorientada. Mi alma se sentía destrozada, mi espíritu quebrantado y mi cuerpo reflejaba el dolor de mi situación.

Aunque no revelaré todos los detalles, hay muchas legalidades concernientes a la perdida de mi casa, la perdida de mi pensión de retiro que la ley llama *"propiedad común"*, que la regaló 50% a él, pues él no tenía ningún beneficio para retiro. El fue beneficiado la mayoría de todos mis recursos financieros y para terminar, él no tuvo que pagar pensión alimenticia y muy pocos pagos para el sustento de los niños. Tuve que empezar de nuevo y sentí mucho miedo, no sabiendo lo que me esperaba en el futuro ni el futuro de mis hijos. Tuve que depender en Dios totalmente y Su poder para intervenir con Su voz para recrear las circunstancias para mi futuro.

Crecí en un hogar cristiano y mis padres sirvieron en el ministerio como pastores. Recuerdo que por muchas décadas no se habló de ciertos *"problemas o pecados"* del pulpito y rara vez se discutía esto entre la comunidad de cristianos. Cuando un miembro de la familia identificaba un problema como el abuso de un niño o adulterio, en vez de tomar los pasos necesarios para resolver el problema, se era pasivo, se ocultaban sentimientos y se evitaba confrontar el problema solo por respeto al ministerio. Algunas de las razones por las cuales se callaban estos problemas eran porque Dios odia al divorcio y no es la voluntad de Dios que una pareja que Dios ha unido, se separe y se divorcie. Las mujeres se quedaban calladas y continuaban con su dolor en silencio. Otra razón era por el escándalo que causaba a sacar a luz estos problemas y el dolor que causaría a los miembros de la congregación. Por último, las circunstancias se volvían insoportables y la separación era un hecho que no se podía evitar. En lo que falló la iglesia y la denominación fue que no hicieron una investigación completa con un estudio bíblico referente al divorcio en este caso y las razones por las cuales este se permitió. Las siguientes leyes espirituales concernientes al matrimonio, adulterio y el divorcio son mencionados en la Biblia:

*La Palabra de Dios & el Divorcio

Mateo. 5:31-32	Infidelidad Matrimonial
Deut. 24:1-4	Leyes del Antiguo Testamento
Marcos 10:2-12	Corazón endurecido
Ezra 3:1	Divorcio & Adulterio
Lucas 16:18	Adulterio
I Cor. 7:10-11	Matrimonio

Las escrituras claramente describen que nuestro cuerpo es el templo del Espíritu Santo y el deber del hombre es de amar a su esposa como Cristo ama a la Iglesia. Nadie puede abusar de otra persona, sea hijo de Dios o no. Muchas víctimas guardan silencio, especialmente si son familias pastorales. Yo estaba dispuesta a sufrir y guardar silencio al igual a otras lideres cristianas que sufrieron por las mismas razones de pensamiento tradicional. Solo que yo ya no podía permitir excusas. Por lo tanto, me confinaba en mi dolor y el dolor de mis hijos. Gracias a Dios estoy viviendo en una generación diferente y las leyes presentes fueron escritas para proteger a las familias y esposas que experimentan abuso intrafamiliar. Actualmente, las iglesias están hablando más abiertamente sobre los problemas en los hogares, aún de los ministros, aunque esto no se ha superado totalmente. Yo tomé la decisión más difícil, tratando de hacer todo lo posible por recuperar mi vida. Empecé a entender mi pasado y como el enemigo continúa haciendo lo suyo porque las victimas evitan el escándalo para proteger el ministerio. Las personas involucradas en alguna disfunción familiar llevan múltiples cicatrices y traumas imborrables que no pueden ser removidas porque duran toda la vida. Yo no quería cicatrices en mí, ni en la vida de mis hijos. Así que, me armé de valor y tomé la mejor decisión para tener una vida mejor.

Ya ha pasado más de una década, y estoy tan contenta y feliz de anunciar que aunque he logrado metas que nunca había imaginado, cada día me acerco más y más a mi destino. ¡Dios hará lo mismo por ti!

¡Estás destinada a ser bendecida!

Para alcanzar tu destino, habrá un orden de eventos planeado por Dios. El poder soñar es importante porque te permite fijar metas, hacer planes, implementar estrategias y tomar pasos para la realización de tus sueños. Dios tiene planes para ti. Él los diseñó antes que nacieras. Él los conoce muy bien y conoce los resultados que incluyen cada área de tu vida.

I Tesalonicenses. 5:23 nos dice:

> *"...Dios de paz os santifique por completo; y todo vuestro ser, espíritu, alma y cuerpo, sea guardado irreprensible para la venida de nuestro Señor Jesucristo."*

Lo mejor que Dios ha planeado para ti está por venir. El tiempo que tomará para que se haga realidad depende de ti. Necesitamos hacer decisiones correctas y para hacerlo, tenemos que escoger el "pensar correcto", que esté de pensar de acuerdo a la Palabra de Dios. Dios ha puesto delante de ti la opción de escoger. *Deuteronomio 30:19* dice:

> *"A los cielos y a la tierra llamó por testigos hoy contra vosotros, que os he puesto delante la vida y la muerte, la bendición y la maldición; escoge, pues, la vida, para que vivas tú y tu descendencia."*

Proverbios 18:21 nos dice:

> *"La muerte y la vida están en poder de la lengua, y el que la ama comerá de sus frutos."*

Nuestros pensamientos llegan a ser nuestras palabras porque hablamos lo que estamos sintiendo en nuestro corazón. *"De la abundancia del corazón habla la boca,"* *(Mateo 12:34)*. Por lo tanto, es vital aprender a escoger pensamientos de vida. Esto hace que de nuestra boca emanen palabras de vida. Es necesario llenarte de Su Palabra y orar continuamente. ¡Te animo a empezar a disciplinarte! Vigila tus palabras y enfócate en desarrollar en tu mente y corazón lo que la Palabra de Dios dice para ti. Al tomar este paso diariamente, sujetando nuestra mente al Señor, poco a poco, empezamos a cambiar nuestro pensar y nuestro hablar. Así hablaremos de acuerdo a nuestros pensamientos de vida, que son guiadas por la Palabra de Dios. Toma la decisión de renovar tu mente, no importa cuánto tiempo te tome. Trabaja en escoger tus pensamientos cuidadosamente. ¡No te rindas! ¡Estás en tu camino hacia tu destino!

Cuando el amor y confianza en mi matrimonio estaba a punto de destruirse, no podía ver cuál sería mi destino. Todo me parecía oscuro. Pensé que mi destino era vivir con este hombre el resto de mi vida como esposa y ministrar juntos con la dirección de Dios. Sabía que había hecho un compromiso de vida *"hasta que la muerte nos separe"* y esa era mi asignación departe de Dios aquí en la tierra. Pero muy pronto me di cuenta que no lo podía forzarlo a que me amara o que deseara pasar juntos el resto de nuestra vida. Muchas preguntas venían a mi mente. *¿Puede existir otro destino para mí?* Si es así, *¿Qué clase de destino sería? ¿Es posible que Dios tenga segundos planes? ¿Son tan divinos como el primer plan?* Todo esto me confundía y en medio de confusión, Dios me habló sobre el relato de José en el Antiguo Testamento y sus experiencias de traición, abandono, falsas acusaciones e injusticias.

Del Hoyo de la Prisión al Palacio

Cuando has sido puesto en el hoyo por las personas a quien amas, así como José, experimentarás traición, abandono, confusión, y soledad. Como esposa de pastor, ministré a cienes de personas, enseñé la Palabra de Dios, oré por los herrmanos, animándoles y confortándoles, pero cuando yo necesité apoyo, nadie me lo dio, ni estuvo conmigo. Las únicas personas que estuvieron presentes diariamente con sus oraciones y apoyo fueron mi madre, mi hermano Jim y mi hermana Dinah. También dos amigas cercanas que vivían fuera del área me apoyaron con sus oraciones. Sobre todo, puedo decir que solamente la gracia tan cercana de Dios me fortaleció para pasar por esta etapa difícil en mi vida. Muchas veces no sentía su presencia, pero sé que Él estaba junto a mí. Sus ángeles me ministraban, dándome la fortaleza necesaria para levantarme cada mañana y cumplir con mis obligaciones diarias en la casa, en mi trabajo como maestra en la escuela y cuidando a mis tres hijos. Cuando pienso, *¿Cómo lo pude hacer?*, solo puedo decir que la gracia de Dios me sostuvo.

II Corintios 9:8 declara:

> *"Y poderoso es Dios para hacer que abunde en vosotros toda gracia, a fin de que, teniendo siempre en todas la cosas todo lo suficiente, abundéis para toda buena obra..."*

Cuando te echan en una prisión como José por las falsas acusaciones, se necesita la sabiduría de Dios y entendimiento para saber que Él está en control a pesar de las circunstancias adversas. Hablando con mi abogado concerniente al proceso, me dijo que tenía que ir a una cita con el abogado opuesto para responder algunas preguntas. Había muchas acusaciones falsas, aunque había sido fiel como esposa, como madre, en mi trabajo como maestro, y dando todo mi apoyo como esposa de pastor en la iglesia. Yo pensé que había conocido a este hombre con quien había vivido por dieciséis años, pero realmente no lo conocía. La denominación religiosa, de la oficina del distrito y hasta las oficinas principales de esta denominación en Springfield, Missouri demostraron poco interés en reconciliar a este pastor con su esposa. Su testimonio de vida es la evidencia más fuerte que se puede presentar delante de Dios y el hombre. Tarde o temprano, la verdad saldrá a luz. Mientras, tú y Dios saben tú caminar diario. Lo importante es lo que Dios sabe de ti, no lo que dice el hombre.

Comparando mi situación con la vida de José, en medio de toda la adversidad en que se encontraba, Dios continuó trazando el plan perfecto para su vida y lo hizo a través de los sueños. Recordemos que José tenía el don de interpretar sueños. El era un soñador. Nunca dejes de soñar, porque así es como elevas tu fe para tu futuro. Declara que tu vida está en Sus manos y el favor de Dios se moverá a tu favor, aunque en el presente no lo puedes ver. La traición de José y la experiencia de la prisión fueron necesarias para relocalizarlo geográficamente a su lugar de destino y también lo preparó para reinar. El tiempo de Dios es diferente al nuestro, pero ten por seguro que el proceso de llevar a cabo Su Plan Divino ha empezado para ti y está por cumplirse porque tu *"De Repente"* te espera.

Cuando se manifiesta tú *"De Repente"*, así como José, en un día, te encontrarás en tu palacio. El palacio representa el lugar que Dios ha diseñado para ti, donde Él te usará mejor para Su Gloria. José llegó a tener una alta posición gubernamental. Dios usó su vida para salvar a miles de personas durante un tiempo de hambre en la tierra. No solamente salvó a mucha gente en Egipto donde Dios lo había llevado, pero salvó a mucha gente de los países alrededor, donde también había escases de comida por la sequia. Ese lugar que Dios ha diseñado para ti es el lugar que solamente tú puedes ocupar para cumplir con Su plan. A veces no nos gusta la jornada que tenemos que viajar para llegar allí, sin embargo son los pasos de fe los que nos llevarán a nuestro destino. Actualmente, es una guerra espiritual de fe, una batalla para ganar las bendiciones para tu familia y tu herencia en Cristo Jesús. Pero, tu fe en Sus promesas te llevará al lugar de la prosperidad, poder y posición en el Reino. Considerando las características de Dios, comprenderás que tu Padre celestial tiene acceso de cada momento en tu vida del principio hasta el fin, así como Él diseño la vida de José. José cumplió con el plan de Dios para su generación y salvó una nación entera. ¡Dios también tiene un plan grandioso para ti!

El Plan Maestro de Dios para Tu Vida

El plan maestro de Dios para ti incluye lo siguiente:

1. El Plan de Dios

Tu propósito depende en el plan que Dios tiene para tu vida. Si Él desea colocarte en un lugar particular, es porque Él tiene un propósito de usarte en esa capacidad. ¡Serás usada para tocar muchas vidas para Su Gloria!

Jeremías 29:11 dice…

> *"Porque yo se los pensamientos que tengo acerca de vosotros, dice Jehová, pensamientos de paz, y no de mal, para daros el fin que esperáis."*

2. El Propósito de Dios

Tu potencial depende en el propósito de Dios para tu vida. Si Su plan es de usarte en cierta profesión, Él te capacitará para ese propósito. Él te dará la habilidad y potencial necesario para cumplir con ese propósito.

Efesios 1:11 explica,

> *"En él asimismo tuvimos herencia, habiendo sido predestinados conforme al propósito del que hace todas las cosas según el designio de su voluntad."*

Desviaciones y retrasos no cambian el propósito de Dios para ti. El poder de Dios está obrando dentro de ti. Si entras a una casa de un alfarero y si quieres saber el propósito del vaso que Él está moldeando, no le preguntas al vaso, verdad que no? Le preguntas al Alfarero Maestro.

3. El Proceso de Dios

El proceso moldeador depende en el propósito de Dios, que determina tú potencial. Cuando descubras el propósito que Dios tiene para ti, puedes descubrir el potencial que Él te dará para capacitarte. Te preguntarás, *"¿Podrá usarme Dios de esta manera?"* El propósito del vaso determina el potencial del vaso. Tú has sido llamada para ser un vaso de honra.

II Corintios 3:5-6 declara,

> *"No que seamos competentes por nosotros mismos para pensar algo como de nosotros mismos, sino que nuestra competencia proviene de Dios, el cual asimismo nos hizo ministros competentes de un nuevo pacto, no de la letra, sino del espíritu…"*

Tienes el potencial de tocar la vidas de otros, que es el propósito de Dios para tu vida.

4. La Promesa de Dios

La promesa de cumplir con tu propósito es asegurado por Él que planeó tu propósito. Opiniones, sugerencias y recomendaciones de otros aparte de *"El Creador"*, quien estableció tu propósito, no cancelan tu propósito y potencial. Dios solamente requiere tu fidelidad hacia Él y el Espíritu Santo hará lo demás. Él ha prometido terminar la obra que empezó en ti.

Antes que Dios te formó en el vientre de tu madre, Dios ya tenía diseñado el plan para ti, para tus hijos, y para los hijos de tus hijos. Lo que siembras, cosecharás. Si siembras palabras de fe para ti y tus hijos, verás el cumplimiento de Su plan en tu familia. El plan de Dios es manifestado a través de **"la palabra escrita"** a **"la palabra declarada"**. Lo que Dios ha hablado en Su Palabra necesita ser transferida o manifestada por medio de tu fe en Él porque Él es la Palabra de Vida.

Marcos 11:23-24 declara:

> *"…si no dudare en su corazón, sino creyere que será hecho lo que dice, lo que diga le será hecho. Por tanto, os digo que todo lo que pidiereis orando, creed que lo recibiréis, y os vendrá."*

Tu Sueño Se Cumplirá

Tu sueño se cumplirá en tu vida…

1. *Aceptando el desafío de creer que lo que dices de tu sueño se cumplirá.*

*Tenemos que enfrentar nuestra lucha en el poder del Espíritu Santo, no en nuestra fuerza humana. Sabemos en nuestro corazón a través del poder del Espíritu Santo que tenemos lo que decimos y creemos que se llevará a cabo en el nombre del Señor. Permite que Él trabaje en ti y en Su tiempo. No trates de ayudarlo porque solamente causará retrasos. Satanás tratará de desviarte de tu destino. ¡No le permitas! Durante tus días de debilidad, hay que perseverar con fe y confianza en Dios. Permite que Él peleé por ti. Hay que esperar la manifestación de la vida de Dios en tu espíritu, dando lugar al Espíritu Santo para fortalecerte y posicionarte de Sus promesas para la preparación a tu destino.

2. *Cediendo tu voluntad a Su proceso en cumplir tu sueño.*

*Para que tu sueño llegue a ser realidad, tienes que estar dispuesta a someterte a Dios como tu autoridad suprema. Tu vaso necesita ser preparado para tomar los pasos necesarios para tu destino, listo para el uso del Maestro. Requiere un estado de santidad, y para esto, Dios tomará el tiempo necesario para moldear tu vida como se prepara el barro para moldearlo en el bello vaso que Él desea usar.

3. *Obedeciendo y tomando pasos de fe para que tu sueño llegue a ser tu destino.*

*Tu caminar en el sendero de la obediencia es el nivel más alto de la alabanza. Si estás dispuesta a obedecer a Dios y dispuesta a activar tu fe para creer que Dios tiene un mejor futuro para ti, ten por seguro que los mejores días de tu vida están por llegar.

Aunque no puedes sentir la gracia y favor en tu vida, déjame asegurarte que el favor y la gracia de Dios están obrando a tu favor durante este tiempo de angustia y aflicción. ¿Cómo se? Otras personas sin el favor y gracia de Dios terminaron en una institución mental o cometieron suicidio. No permitas que el enemigo te robe Su favor. Cuando vienen preguntas a tu mente como, "*¿Que si yo hubiera hecho esto o aquello?*" o "*Mejor si yo hubiera escuchado a…y hecho esto*", no pierdes el tiempo alimentando esos pensamientos.

Cindy Jacobs, en su libro, <u>Mujeres de Destino</u>, identificó cinco fortalezas mayores que ella tuvo que enfrentar antes de llegar a su destino.[1]

1. La Fortaleza de la Mente

*Esta fortaleza se compone de pensamientos de desesperanza que hacen que el creyente acepta como inmutable, las circunstancias que son contrarias a la voluntad de Dios.[2]

2. La Fortaleza de Temor

*Esta fortaleza es una emoción angustiosa de la ansiedad que se experimenta cuando uno tiene miedo de algo o alguien debido a los retos en la vida, pero es contraria a las promesas de Dios.

3. La Fortaleza de la Intimidación

*Esta fortaleza es una emoción de miedo, de reserva y la timidez provocada por una amenaza, que es contraria a los principios bíblicos de la Palabra de Dios.

4. La Fortaleza de Generaciones

*Esta fortaleza es un patrón de comportamiento familiar que se transmite de un ciclo de vida a otro, pero se puede romper en el Nombre de Jesús y por el poder de Su sangre.

5. La Fortaleza de Tradición

*Esta fortaleza es un patrón continuo de las creencias y prácticas culturales que no se alinean con las bendiciones que Dios ha planeado para tu vida.

Cualquiera de estas fortalezas da paso a la amargura en tu alma. Toda amargura trae sentimientos de resentimiento, agonía, angustia y hostilidad. La única manera de dar lugar a tu sueño es empezar a remover esos sentimientos negativos, soltándolos diariamente, estudiando y meditando en la Palabra de Dios y tomando tiempo en oración y entregándolos a Dios. En su libro, <u>El Comentario de Sabiduría 1</u>, Dr. Mike Murdock explica la manera cómo puedes vencer la amargura. Las siguientes son algunas de sus sugerencias:

1. Admitir que existe amargura en tu corazón y que te está haciendo daño.

2. Someterse al Espíritu y meditar en las Escrituras, preferentemente los Salmos de David.

3. Empiece a trazar metas para tu futuro.

¡Nunca permitir que la raíz de amargura te robe del éxito y gozo que puedes experimentar! ¡Recházala! Usa tus energías y fe hacia tu destino. Recuerda que tus hijos son una parte vital de tu destino y necesitas perseverar siempre mirando hacia tu futuro, no tu pasado. Alinea tus pensamientos con los pensamientos de Dios. No te rindes, porque poco a poco estás cambiando para lo mejor. Si renuevas tu mente cada día, tu vida también será renovada. Cuando puedes ver el plan de Dios a través de tus pensamientos, podrás caminar en ese plan. El enemigo quiere distorsionar tu identidad en Dios, pero pronto dirás *"adiós"* al fracaso y *"hola"* al favor.

Medite en esta escritura mientras estás en tu jornada.

"Mas el Dios de toda gracia, que nos llamó a su Gloria eternal en Jesucristo, después que hayáis padecido un poco de tiempo, el mismo os perfeccione, afirme, fortalezca y establezca." I Pedro 5:10

Esta palabra fue dada por Chuck Pierce y fue compartida en su página del internet "Gloria de Sión, Internacional":

"Si se mueve conmigo, brillarás conmigo. ¡Muévete y brilla! Yo te posicionaré! Por lo tanto, aprende los vientos de cambio y muévete conmigo. ¡Tú cambiarás! Yo no cambio. Pero tú cambiarás! Estoy extendiendo un llamado desde el cielo a moverte. Muévete conmigo. Sigue mis vueltas porque estoy haciendo una vuelta en tu rio. Sienta el viento alrededor de tus pies, porque has estado en lugares donde tu paz te ha escapado. Si recibes mi viento alrededor de mis pies, caminarás en paz en una manera nueva. Permite el viento alrededor de tus pies. Permite que te levante más alto de dónde has estado. Mira la reorganización de islas, porque nadie será una isla a sí mismo. Algunos dirán, 'Esta isla donde yo he estado ha sido mi vida y mi hogar'. Pero ahora estarás conectado en una manera nueva. Ya no estarás independiente en tu expresión y cultura, pero te mesclarás en una manera nueva conmigo. Empezarás a verte en la manera que te destiné a verte. El cielo está conectando con la tierra y el viento del Espíritu en ti se está levantando. Estoy aquí para levantarte. Sigue avanzando! Ahora, de repente como la fe se levanta de la tierra, el cielo responderá con Mi viento. Esto causará acción del Espíritu en la tierra. Fortalezas se caerán y la transformación empezará."

*Yo te animo que te levantes a conocer tu Dios, Su autoridad, Su poder y Su unción en ti para llegar a ser todo que fuiste destinada a ser.

1. Jacobs, Cindy, <u>Mujeres de Destino</u> (Ventura, CA; Libros Regal, 1998, p.102-103)

2. Silvoso, Ed<u>, Que Ninguno Perezca</u> (Ventura, CA; Libros Regal, 1994, p. 155)

Capítulo 2:
La Jornada Inesperada

*Cuando llega la Devastación,
la Puerta de Fe se Abre

Nosotros escogemos nuestro destino diariamente. Empezamos hacer decisiones el momento que iniciamos un nuevo día. La manera que alcanzarás tu destino depende en tus decisiones diarias. Reconoce que Dios hizo una decisión cuando El decidió escogerte a ti, cuando te llamó y designó un plan para tu vida.

Rechazada, pero no Abandonada

Cuando se termina la luna de miel y la jornada de crear lazos afectivos en la nueva pareja empieza, es como dos ríos golpeándose para formar un solo caudal. La vida de la pareja matrimonial requiere un compromiso mutuo de amor y fidelidad para tener éxito. Este compromiso te lleva a un fin esperado, no importa los desafíos que vengan, porque el amor y la dedicación están presentes. Cuando el amor y el compromiso empiezan a desvanecerse, la vida matrimonial es un desafío. Cuando uno de los dos falla, no importa cuánto amor y compromiso tenga la otra parte, es indispensable respetar ese compromiso "*hasta que la muerte los separe*".

Cindy Jacobs, fundadora de "*Generales de Intercesión*", *Inc.* habla de "*el adulterio espiritual*". Explica que este tipo de adulterio es cuando uno de los dos crea un vínculo fuera del hogar, relacionándose mas con otra persona, ya sea en su trabajo o la iglesia que con su propia pareja. El matrimonio es un fracaso debido a la infidelidad, que no es la culpa de quien ha sido fiel, mucho menos de los hijos. La culpa es de la persona, que por su voluntad propia, toma la decisión de envolverse en una relación incorrecta. El culpable no quiere ser confrontado en su juego y está dispuesto a mentir, especialmente cuando está en posición de liderazgo cristiano. Esta persona se confronta con condenación interior por el fracaso. Entonces, siente que no puede resolver el conflicto. Si tu esposo violó el pacto de fidelidad, no es tu culpa y no debes tomar esa culpabilidad que no te corresponde. Si estás haciendo todo lo posible como esposa y madre, no es tu culpa que tu marido no puede ser suficiente hombre para controlar las tentaciones y ser fiel a su matrimonio y su familia. Esto era muy notable en el comportamiento de mi esposo por el tiempo que pasaba, especialmente con mujeres líderes de la iglesia que con nosotros, su propia familia.

Cuando empecé a tener mis sospechas de su infidelidad concerniente el pacto matrimonial, noté señales de cambio en su conducta. Parecía que guardaba secretos, evitaba conversaciones y respuestas de mis preguntas. Mentía sobre horarios, el calendario de sus compromisos, y frecuentes llegadas tardías a altas horas de la noche. Pensé, "*Seguramente, él nunca fallará al pacto matrimonial. Él es un pastor que predica desde el pulpito cada semana.*" Sin embargo, evadía totalmente al dialogo. Las preguntas sin respuesta continuaban mes tras mes y año tras año. Su única repuesta era, *"Tu no entiendes"*. Crecí en un hogar pastoral y como hija de pastor, había desarrollado la habilidad de discernir ciertos comportamientos porque mi padre también tenía estos patrones de comportamiento. Cuando empecé a ver el mismo comportamiento en mi esposo, traté de hablar con él, pero solo me acusó de celosa. Sus respuestas por llegar tarde a la casa eran que estaba en juntas en la iglesia hasta altas horas de la noche, pero él estaba trabajando con la secretaria, quien se estaba divorciándose. Le advertí del peligro al cual estaba exponiéndose, pero nunca aceptó mi consejo porque *"Yo no sabía lo que estaba hablando"*. Un verdadero hombre de Dios no se pone en esas situaciones porque es un blanco propicio para el enemigo. No podía creer lo que me estaba pasando, un creyente con valores cristianos, totalmente comprometido al pacto matrimonial y esposa del pastor.

Cuando tu pareja te acusa que todo es tu culpa, elementos en una relación saludable están fuera de balance. Nunca es la culpa de una persona para todo lo que ocurre en un matrimonio. Ambos son responsables y contribuyen a esa relación positivamente o negativamente. Durante todos los años de matrimonio frecuentemente me sentí excluida con su tratamiento de silencio. Aun así, con la esperanza de mantener la unidad matrimonial y por el amor a mi esposo y a mis hijos, hice el esfuerzo grande para mantener la familia unida, esperando un cambio en él. Cuando uno de los cónyuges ha decidido que ya no le interesa esa relación, solamente Dios puede intervenir y cambiar el corazón endurecido en esa persona. Si cree que lo que está haciendo está bien, aunque esté incorrecto, hará decisiones de acuerdo a sus pensamientos y su propia voluntad. No da lugar a la reflexión y evaluación de su comportamiento y decisiones. ¡Eso se llama orgullo! Aún cuando la relación continua, no hay esperanza alguna. Entonces es necesario buscar consejeros, terapistas, ministros, sicólogos y cualquier otra ayuda de consejería matrimonial para la reconciliación matrimonial y una nueva relación con el fin de salvar tu matrimonio. La reconciliación es una experiencia maravillosa para quienes la logran. Pero, si el cónyuge está actuando mal y no quiere reconocer su error, aún cuando esté dispuesto a asistir a la consejería, nada va a cambiar. Entonces tu esperanza de cambio empieza a debilitarse. Solo la intervención de Dios puede lograr el cambio. Pero cuando ya ha tomado su decisión, nada más se puede hacer porque el pacto matrimonial se ha roto. Entonces, la devastación empieza a rodear el hogar y la puerta del divorcio se abre por la infidelidad matrimonial.

Se ha comprobado que las personas causantes de un divorcio raramente buscan consejo de ninguna clase, mucho menos ayuda profesional. Creen que no lo necesitan, porque creen que sus acciones no son causantes de tanto dolor de corazón. Piensan que están bien y no buscan respuestas. Tampoco evalúan su comportamiento, ni consultan consejeros matrimoniales. Muy raramente asumen su responsabilidad. Por sus conflictos. ¡Esa fue mi experiencia!

Relacionado al rechazo son las heridas de traición por la confianza incumplida. *Proverbios 15:13* nos dice:

> *"El corazón alegre hermosea el rostro; mas por el dolor del corazón, el espíritu se abate."*

Derek Prince, en su libro, Experimentando el Poder de Dios, explica que el resultado principal del rechazo es la inhabilidad de recibir o comunicar el amor. Una persona que nunca recibió amor no puede transmitirlo. Aun si nuestros padres no nos demostraron amor, Dios no desea que suframos por sus errores.

Tampoco desea que nuestros hijos sufran por la falta de amor. Una persona que no trata con el rechazo por medio del poder sanador de Dios, experimentará la soledad, autocompasión, depresión y desesperanza. El resultado final puede ser trágico. Otras personas reaccionan al rechazo con resentimiento, odio y finalmente rebeldía. Traería más devastación si se diera esa reacción, por lo tanto, hay que estar enfocado en la sanidad interior. *I Samuel 15:23* nos dice:

> "*Porque como pecado de adivinación es la rebelión...*"

Aceptando la provisión de Dios, puedes cortar ese rechazo de una vez y para siempre. Cuando empiezas a sentir sanidad de esa herida del rechazo es cuando empiezas a orar por la persona que te causó tanto daño y pedirle a Dios que lo bendiga. Esto parece antinatural, pero Dios es sobrenatural y puede hacer milagros con lo natural.

Después de pasar mucho tiempo en la meditación de la Palabra de Dios y recordar el patrón de comportamiento en los varones de la familia, encontré que había un ciclo de pecado de generación en generación a través de los varones que afectaron el curso de la vida familiar, provocando cambios radicales en nuestras vidas como esposas e hijos. El rechazo causado por una relación quebrada o rota es una maldición.

Malaquías 4:5 nos dice:

> "*He aquí, yo os envío el profeta Elías, antes que venga el día de Jehová, grande y terrible. Él hará volver el corazón de los padres hacia los hijos, y el corazón de los hijos hacia los hijos, y el corazón de*

los hijos hacia los padres, no sea que yo venga y hiera la tierra con maldición."

Efesios 1:6 maravillosamente explica *"...nos hizo aceptados en el Amado...",* que significa *"uno grandemente honrado".*

Uno de los efectos más dañosos en una familia es la separación y el divorcio. No es solamente la separación entre el hombre y mujer; es el desgarre de lo que una vez estuvo unido. Hogares rotos dejan huellas de sueños frustrados, personas e hijos heridos emocionalmente, quebrantados y traumatizados por el resto de sus vidas. Ten presente que tu pasado no tiene que dictar tu futuro. Después de realizar esa verdad, viene el proceso de sanar la herida. Dios ha sido fiel y la mayoría de nosotros que hemos experimentado apuros familiares, estamos sirviendo al Señor, aunque hemos sido afectados por el comportamiento de nuestros padres.

Unas de las aéreas donde hemos sido impactados es la vergüenza. Esta experiencia traumática reorganiza la vida de uno en manera irrealizable. Después de una experiencia como esta, las personas son totalmente diferentes porque como sobreviviente, uno llega a ser más cauteloso, menos confiado y más consciente de su ambiente inmediato. Valores como seguridad y cariño llegan a ser más importantes y tú estás más alerta de darte cuenta de estos factores para el presente y el futuro. Es indispensable que estas heridas sean sanadas y con la ayuda de Dios, después usarás tu experiencia para ayudar a otros.

Al estudiar sobre algunos de los problemas por lo cual los del ministerio fallan, encontré que algunas de las razones más comunes son:

1. Enojo escondido o reprimido; generalmente son conflictos no resueltos del pasado

2. Viviendo continuamente en el carril rápido de velocidad: lo que llaman en inglés "Burnout", exceso de trabajo

   *Actividades constantes en la iglesia causa agotamiento. Es necesario tomar un descanso de vez en cuando y tomar tiempo con tu familia.

3. El síndrome del superestrella (Ministerio del Pulpito con admiración y palabras halagadoras de otros)

4. Trabajando sin ninguna responsabilidad a quien rendir cuentas

Estudios han demostrado que cuando una persona no trata constructivamente con su enojo, se distanciará de su esposa y familia, buscando apoyo emocional fuera de su hogar.[1] Entonces, se abre la puerta a la tentación. Cuando se cae en esta trampa, todas las personas a su derredor sufren las consecuencias. Investigaciones también han encontrado que las deficiencias emocionales y la baja autoestima durante su niñez son grandes factores propicios para tener aventuras amorosas.[2] A todo líder, hombre o mujer, les agradan los comentarios halagadores y llegan a ser héroes de sus admiradores. Pero cuando su familia necesita al pastor, el nunca se encuentra, sin embargo siempre está allí para suplir necesidades de otros. Todos, incluyendo al pastor y su esposa, necesitan un sistema de apoyo personal que debe ser su familia. ¿Pero si nunca se encuentran, como puede la familia darle ese apoyo?

Muchas veces nuestros corazones están desalineados con la Palabra de Dios y tomamos decisiones todos los días sin consultar a la Palabra de Dios por la sabiduría necesaria para hacer nuestras decisiones. Podemos negar nuestro comportamiento, continuar con nuestra misma actitud, o reconocer que no es agradable a Dios y decidir cambiar. Al guardar en secreto nuestra malvada actitud es pretender que el problema no existe. Se requiere una sumisión total a Dios para empezar a ver el plan que Dios tiene para tu vida.

Cuando sientas angustia total e impotencia, es tiempo de hacer lo que hizo David en **I Samuel 30**. Él se fortaleció en su Dios. Cuando te sientas confundida, indecisa, deprimida y desesperada, tienes dos opciones: Tu puedes…

A. Hundirte en la desesperación y depresión

o

B. Fortalecerte en tu Dios

¿Cómo puedo fortalecerme cuando no tengo fuerza?

Hay dos pasos de tomar durante tu proceso de rendirse:

1. *Espera en Dios*

> **Isaías 40:29-31* dice:
>
> **"El da esfuerzo al cansado, y multiplica las fuerzas al que no tiene ningunas. Los muchachos se fatigan y se cansan, los jóvenes flaquean y caen; pero los que esperan a Jehová tendrán nuevas fuerzas; levantarán alas como las águilas; correrán, y no se cansarán, caminarán, y no se fatigarán."**

Me tomó mucho tiempo para hacer mi decisión de ceder a un cambio de los eventos de los cuales yo no podía tener ningún control. Encontré el potencial para mi futuro en Su poder maravilloso operando en mí vida. Esto tomó tiempo para que Dios me moldeara de nuevo para llegar a ser la verdadera "*yo*" que Él quería que yo fuera. Espera en Él, y sé paciente. El terminará lo que ya empezó en ti. Él está trabajando a tu favor. Lee *Isaías 30:18.* Te traerá mucha esperanza.

> *"Por tanto, Jehová esperará para tener piedad de vosotros, y por tanto, será exaltado teniendo de vosotros misericordia; porque Jehová es Dios justo; bienaventurados todos los que confían en él."*

2. *Confía en el Señor*

Prov. 3:5-6 dice:

> *"Fíate de Jehová de todo tu corazón, y no te apoyes en tu propia prudencia. Reconócelo en todos tus caminos, y el enderezará tus veredas."*

Tú no eres responsable por los eventos horribles de tu pasado. Nadie pasa por la vida sin alguna herida en el corazón. A veces ni nos damos cuenta de lo dañado que está en nuestro corazón hasta que estamos en situaciones difíciles y nuestra amargura es revelada a través de nuestras palabras y acciones. Dios es un Dios que perdona, sana, y restaura. Necesitamos confiar en Él mientras acomoda todos las piezas del rompecabezas.

Tus Encuentros Divinos están a la Vuelta de la Esquina

Cuando el dolor de la realidad de la separación y divorcio está tomando lugar en tu familia, trae destrucción para toda tu vida y la vida de los miembros de tu familia. Tienes el sentimiento que todo terminó para ti. Pero, el apoyo de familia y amistades de ir hacia adelante es algo que no tiene precio. Gracias a Dios por la familia y amistades que tienen un corazón compasivo y están dispuestos a ministrar a quienes aman. No tengo palabras para expresar mi gratitud para mi mamá, mi hermano Jim y mi hermana Dinah, quienes me dieron innumerables horas de ánimo y apoyo durante mi tiempo difícil que me tocó vivir y aún continúan apoyándome. También dos amigas cercanas que conocí muchos años atrás me han dado apoyo continuo. Recuerdo que durante este tiempo de devastación, Dios también usó a gente que yo no conocía, compartiéndome una palabra de consuelo. Era suficiente solo recibir una llamada telefónica, palabras de ánimo, recibir una invitación a tomar un café, una simple oración, o al solamente recibir una tarjeta en el correo, traían esperanza durante ese tiempo de aflicción, especialmente cuando pensaba que mi matrimonio hubiera sido una relación de vida y nada más pasó por mi mente.

En medio del cambio viene el sentimiento de la soledad. No quiero decir la perdida de afección, pero la perdida de dirección. Tienes que poner tus pies sobre la tierra y empezar a vivir dónde estás. Hay que hacer esfuerzos determinados para dejar de vivir en el *"ayer"*. Satanás quiere destruir tu progreso en el presente tentándote con pensamientos del pasado. Tienes que enfocarte en las oportunidades que te ofrece el *"presente"*.

Aunque tiempos de soledad aparecen cuando los hijos no están presentes, es una oportunidad de tomar tiempo con Dios, entregarle todo a Él y buscar Su dirección. Mi vaso se sentía vacío, pero no realicé que mi sensación de *"vacio"* estaba preparándome para lo que Dios me quería *"llenar"*. Estaba feliz porque tenía a mis tres hijos y familia conmigo. Eso es lo que me ha ayudado continuar; mi amor por ellos.

Así como es la vergüenza y el dolor de rechazo, hay conexiones y encuentros con otros que vendrán a tu vida entre los siguientes semanas, meses y años que te animarán a seguir adelante y ayudarte alcanzar tu nuevo destino. Necesitas un deseo ardiente dentro de ti para alcanzar tu nuevo futuro. Es la clase de deseo que vence el temor de tu pasado. Quítate las encadenas de tu pasado y pon un *"hasta aquí"*. ¡Ya basta el pasado! Entonces es cuando sales de tu prisión. Si te encuentras en esta situación, yo te animo a que te prepares para un terremoto espiritual que viene en camino. Solo empieza a alabar en medio de la noche obscura. Los ángeles del cielo están listos para moverse en tus circunstancias, quebrar tus cadenas y librarte. ¡Aleluya!

Cuando Dios está concluyendo con una etapa y empezando otra, o llevándonos por la transición, Él tiene que hacer morir algunas situaciones antiguas, como un relación de abuso y control, porque Él tiene algo mucho mejor para Su vaso escogido. Mientras yo ejercitaba mi fe, esperando la intervención de Dios para cambiar la vida del hombre y mientras hacía lo posible por la unidad de la familia, los consejeros me explicaban que los niños no podían desarrollarse de una manera normal viviendo en un hogar dividido. *¿Cuánto tiempo esperaría para* *ver el cambio*? La verdad es que ya había evidencia de infidelidad de manera que el pacto matrimonial se había roto. Aunque la decisión mas difícil de mi vida fue la de hacer un cambio y buscar ayuda legal, fue mi primer paso hacia un futuro saludable. Con mucho dolor, tuve que caminar en la oficina de un abogado para hacer la demanda, pero más devastador fue recibir la respuesta de él, que aceptaba el divorcio. Yo había probado todo lo posible y no sabía que mas hacer. Yo pensé que cuando el recibiera la demanda de divorcio, recapacitaría y trataría de resolver los problemas para rescatar nuestro matrimonio. También me imaginé que él venia con el deseo de comunicarse conmigo porque no quería perdernos, a mí y a sus hijos. Pero, era solo mi imaginación pensando y hablando las cosas que no son como si fueran. Yo estaba haciendo todo lo posible para que mi fe funcionara, hablando cosas positivas de mi matrimonio de acuerdo a la Palabra de Dios. Pero para este tiempo, mis emociones y las evidencias no me permitían estar firme en mis declaraciones por su rechazo constante. Él predicó por muchos años, pero nunca peleó por su matrimonio, ni una sola vez. Su tratamiento de silencio fue aun más severo después que recibió los documentos. Su silencio hablaba más fuerte que sus palabras. Todavía vivía en la casa aunque no estaba pagando ninguna cuenta. Nunca se me acercó para platicar sobre mi decisión, ni tuvo la disposición de explicar la suya. Tampoco trató de hablar conmigo, ni una vez para encontrar una manera de resolver el problema. Eso mostraba claramente que él quería el divorcio, únicamente que él no quería ser el primero en hacer la demanda porque él quería culparme a mí y usarlo para cuando lo comunicara a la congregación y a la denominación. Él estaba esperando que yo diera el primer paso. Yo hubiera esperado lo máximo para reconciliarnos, pero él me estaba empujando más lejos de él, no solo en la casa, pero también en la iglesia. Yo era una pastora activa, usando los dones que el Señor me había dado incluyendo, tocando el piano, interpretando sus sermones al inglés porque pastoreábamos una iglesia bilingüe, ayudando en el altar con oración, enseñando en la Escuela Dominical, dirigiendo el coro, solo para mencionar parte de mi involucramiento en el ministerio. Un Domingo en la mañana, él me remplazó con otro pianista. Luego le dijo a la congregación que yo no interpretaría. Nunca me preguntó sobre ello y estaba mintiendo a la congregación. Ese Domingo por la mañana en el mes de Julio, yo oí la voz audible de Dios diciéndome, *"El no te está rechazando a ti. Me está rechazando a mí."* Nunca pensé que tomaría sus acciones a tal extremo.

El proceso empezó rápidamente con citas a la corte, con los abogados, ordenes de visita para los niños, las cuentas bancarias, muebles, retratos, documentos de archivo, impuestos y mucho mas. Tuve que aprender a vivir un día a la vez, cuidando a mis hijos, trabajando para sostenerlos y empezando a tomar la responsabilidad total de mi hogar. Al principio no quería reconocer lo que me estaba pasando. Era difícil creer que esto me estaba pasando a mí como esposa de pastor. Yo todavía creía que Dios podía hacer un milagro divino, no reconociendo que Él estaba trabajando a mi favor, sacándome de esa clase de relación. Tenía que aprender a aceptar mi realidad, especialmente lo concerniente a no poner mi confianza en el hombre con quien pensé que viviría el resto de mi vida. Empecé a referirme de él como *"el padre de mis hijos"*. Las palabras *"mi esposo"* ni *"mi ex"* ya no eran parte de mi vocabulario porque la palabra *"mi"* representa posesión y no quería usar más esa palabra cuando hablaba de él. Él tenía otros intereses y yo ya no era parte de ningún interés de él. No podía continuar engañándome, pensando que él regresaría de nuevo a mí. En cierta ocasión, yo les pregunté a mis hijos su opinión de quitarme mi apellido de casada y usar de nuevo solo mi nombre de soltera. Ellos apoyaron mi decisión y estuvieron de acuerdo porque vieron el comportamiento impropio de su padre. Yo necesitaba recuperar mi vida así como era antes de casarme con él. Finalmente, estaba en el camino a la recuperación.

Visión para un Nuevo Comienzo

En el mundo de hoy se nos dan muchos desafíos y poca habilidad para tratar con ellos. Pero, ten por seguro que hay *"Uno"* quien nos da la habilidad de afrontarlos. Él te capacitará aun en el momento cuando crees que tus fuerzas se han agotado y no puedes soportar más, mucho menos permanecer firme. En la misma manera que el Espíritu Santo te capacitará, dándote habilidades intelectuales y capacitándote espiritualmente. Él te dará fuerza emocional durante tu jornada con sus desafíos. Cuando más responsabilidad tienes, más habilidad Él te da para cumplir con tus responsabilidades.

¿Cómo pasarás por esta jornada de cambio? Necesitas someter tus *"Actitudes"* y *"Acciones"* a Dios. Necesitas decirle al Señor, *"Rindo toda mi vida a tu autoridad, Señor Jesús"*. Pide que Él te ilumine para recibir una nueva percepción para ver las cosas más claramente durante este tiempo de confusión, cuando no sabes en qué dirección ir. Este es tu tiempo de confiar en Él quien es poderoso para terminar la obra que empezó en ti. El poder del Espíritu Santo reposará sobre ti, abrirá tus ojos para ver Su voluntad, tocará tu alma para sentir Su presencia cuando te sientas sola, fortalecerá tu corazón, habiendo hecho todo, de estar firme, y te dará fuerza para continuar y lograr lo que tiene para ti y tus hijos. ¡Qué bueno es Dios!

Tú eres un vaso que está siendo moldeado por las manos de Dios, aun en el proceso del divorcio. Él te está moldeando a ser todo lo que llegarás a ser en Él. A veces tu vaso se siente vacío, inútil, inefectivo y sin ningún valor. Tus pensamientos están debilitados con todo lo que está pasando. Es difícil meditar en la Palabra de Dios y Su plan para tu vida. Tu mente está siendo bombardeada con pensamientos como, "*Él dijo…*" y "*Los hermanos dijeron…*". Parece que tu destino ha desaparecido. Dejó de existir y pasó de repente. Pero Dios habla diferente de ti. Necesitas meditar en lo que Él dice de ti. Este es el tiempo de conquistar tu meta, permitiendo que Dios en Su tiempo complete Su plan perfecto para tu vida. Cuando esos sentimientos se levanten dentro de ti, no solamente esperes que termine el día. Toma ventaja de todo lo que Dios tiene para ti, aun si no sientes hacerlo. Hable a tu cuerpo, alma y espíritu. Este es el tiempo de activar tu fe. Visualiza lo que Dios ha planeado para ti, aun si no sabes lo que es el plan de Dios todavía. Solamente reflexionas que tienes vida y salud. Tienes que dar a luz en tu espíritu, la visión de Dios para ti. Puedes ser un vaso de compromiso y fe. Un vaso de compromiso sin fe es limitado. Un vaso de fe sin compromiso es limitado. Pero un vaso con compromiso y fe es ilimitado.

Piensa en la palabra **VISIÓN** en los términos siguientes:

V – *Votos* a Dios y a tus hijos

I – *Invertir* en ti y en tus hijos

S – *Servir* a Dios y a tus hijos

I – *Impartir* a tus hijos y a otros

Ó – *Obedecer* a Dios y Su Palabra

N – *Nutrir* tu relación con Dios y tus hijos

Si no tienes la visión de seguir adelante, siempre vivirás en las batallas del "*ayer*". Por lo tanto, es necesario hablar a tus emociones y continuar de animarte a caminar hacia adelante. Ese deseo por tu nuevo futuro tiene que ser más grande que las memorias del pasado. Cuando ese deseo de mover hacia adelante viene a tu espíritu con pasión, entonces es cuando empiezas a soltar el dolor. Habrá temporadas en que tendrás que hacer grandes esfuerzos y quieras rendirte y dejar a un lado la visión de tu futuro. Sin la visión, no podemos ver la provisión que Dios tiene para nosotros. Si no podemos ver la provisión, el enemigo fácilmente puede cortar nuestros recursos para el futuro. Decide servir al Señor en medio de cualquier circunstancia, injusticia y tragedia. Podrán venir a ti sentimientos de inferioridad, soldad y cansancio, pero fíate en Dios en tus momentos de frustración y entrega toda confusión a Él. Podrás experimentar en lo profundo de tu alma, rechazo, desilusión y desesperanza, pero permite que Dios te abrace con Su amor eterno. También tendrás sentimientos de impotencia, temor, ansiedad, inseguridad y desanimo que quieren encontrar lugar en tu corazón. Pelea contra toda insuficiencia y angustia y cuando ya no puedes pelear, entrégalo al Señor. Él peleará por ti. No permitas que la falta de perdón y enojo duerma contigo en la noche porque no vas a descansar bien. Mejor, permite que el Espíritu Santo se encargue de ellos. Estos son sentimientos que el enemigo usará contra ti para que tires la toalla en tu destino. Pero, permite que Dios te abrace y te fortalezca. Satanás tratará de devorar tus finanzas, la armonía en tu hogar y la paz en tu mente. Puedes quedar atada a tu preocupación referente a tus finanzas, y el temor de perderlas cuando las tienes. Esto te puede alejar de hacer las cosas que Dios quiere que hagas y ser la persona que Dios quiere que seas. Reconoce que tu provisión existió antes que viniera la necesidad. Su provisión será suficiente para suplir todas tus necesidades de hoy y hasta la eternidad. ¡Entiéndelo bien! ¡Dios es tu Proveedor! Necesitas aprender a poner todos estos sentimientos de escases e insuficiencia sobre el altar para que Dios los consuma con Su fuego y amor.

Palabras que alguien ha hablado también pueden causar daño. Estas palabras, buenas o dañinas, que han entrado a tus oídos, ha quedado en tu memoria y en tu corazón para toda la vida. Esas palabras inapropiadas y ofensivas que te fueron dirigidas también deben ser puestas sobe el altar de Dios y dejarlas allí. Recuerda que José respondió a sus hermanos que aunque ellos actuaron mal, Dios lo convirtió en bien. Tomó años antes que se cumplieran los planes de Dios, sin embargo, José esperó en Jehová y tomó los pasos a su destino.

Cambia lo Antiguo por lo Nuevo

Durante la temporada de cambio y transición, permite que el Señor dirija tu enfoque y enderece tus pasos. Es tiempo de soltar lo viejo para abrazar lo nuevo. No puedes recibir lo que Dios desea para tu vida si estás viendo hacia atrás. En medio de cada obstáculo, montaña, o pared que intenta bloquear tú progreso, el Señor forma una vía de escape y una oportunidad de gran avance con un nuevo comienzo. "*Ayer*" está detrás de nosotros. El "*ayer*" no puede dictar lo que será tu "*mañana*". A veces Dios toma Su tiempo en manifestar Su liberación. Él usa los periodos difíciles de espera para aumentar y fortalecer nuestra fe y permitir que la paciencia trabaje en nuestras vidas.

Santiago 1:4 declara:

> "*Mas tenga la paciencia su obra completa, para que seáis perfectos y cabales, sin que os falte cosa alguna.*"

El tiempo de Dios es perfecto. Él nunca llega tarde. Por lo tanto, despierta a las nuevas posibilidades que se están abriendo a tu favor. Necesitamos reconocer que Dios está obrando, no importando lo que siento o como está la situación.

Puede ser que en nuestra desesperación, nos escondamos en cuevas de depresión. Cree la Palabra de Dios y desarrolla tu fe, confesando victoria. Esto te ayudará a establecer una nueva manera de pensar, hablar y caminar en tu jornada. Gocémonos en el lugar donde nos encontramos mientras caminamos a nuestro destino. Una actitud errónea no nos lleva allí más pronto. Por lo tanto, habla a tus emociones y permite que Dios reciba toda la gloria por tu sacrificio de obediencia. ¡Solo Dios conoce tu futuro! ¡Ponga tu esperanza y confianza en Él porque Él sabe cómo se manifestará tu futuro!

Isaías 43:18-19 declara:

> *"No os acordéis de las cosas pasadas, ni tragáis a memoria las cosas antiguas. He aquí que yo hago cosa nueva; pronto saldrá a luz; ¿no la conoceréis? Otra vez abriré camino en el desierto, y ríos en la soledad. "*

Solo Dios puede abrir camino donde parece que no hay. Para que Dios llene tu vaso y hacer que se derrame, primero tienes que vaciarlo de todas las cosas negativas, estorbos y distracciones del pasado. El pasado puede ser una persona, un evento o circunstancias que te lastimaron y posiblemente sea la fuente de tu actitud o comportamiento erróneo. No permitas que eso sea una excusa para quedarte en la misma condición. La presencia invisible de Dios te acompaña en tus conflictos. Aunque no puedes ver la presencia manifestada en el pilar de fuego o en la santa nube, déjame asegurarte, que Él está presente en tu vida. Con el Señor a tu lado, está segura tu victoria. No te desanimes, determínate a alcanzar tu meta para llegar a ser todo lo que Él quiere que seas en Él.

Fui totalmente defraudada por alguien en quien confiaba con mi vida. Me sentí devastada y que mi vida quedaba totalmente arruinada. Durante mis horas de soledad y cansancio, tuve que acercarme a Dios, mi único recurso. Sabía que con Él, mis circunstancias presentes cambiarían. De lo que tú estás dispuesta a alejarte, determina lo que Dios te traerá. Yo sabía que Dios me iba a reconstruir y permitir crecer en Él. Aunque iba a tomar tiempo, tenía que hacer toda clase de esfuerzo para empezar a gozar de nuevo de la vida, amando de nuevo y aprendiendo los secretos reales de la paz interior a través de mi nuevo esposo, mi amado Jesús.

Leí la siguiente palabra profética que confortó mi alma, dada por Eileen Fsher durante la clase de la "Escuela Profética del Espíritu Santo" en Colorado Springs, Colorado. Esta Palabra reconfortó mi alma durante mi jornada de transición, con la expectativa de ver el cumplimiento de las promesas de Dios para mi vida.

Yo oí al Señor decir, *"Estoy buscando vasos que se sienten vacíos. Se sienten vacíos de sueños, planes y propósito. Porque yo he sacudido lo que puede ser sacudido hasta las cimientos de la tierra. He sacudido sueños del alma y visiones que vinieron del hombre. He visto corazones quebrantados y destrozados y los pedazos han caído aquí y allá, una y otra vez, sangrando sin saber por qué. También he recibido sus lágrimas. Te recuerdo que en Mi Palabra he dicho que todas las cosas son posibles conmigo. Por lo tanto, hoy vengo a poner Mi mano sobre tu cabeza y mi otra mano sobre tu corazón, y ordeno que venga el viento de cambio. ¿No he dicho en Mi Palabra que he venido a sanar los quebrantados de corazón, dar libertad a los cautivos, a proclamar el año agradable del Señor? Hoy doy libertad a tu espíritu. Sano tu corazón para que no solamente puedas dar amor, sino puedas recibirlo. ¿No has recordado en que Yo soy el amor perfecto? Permite que fluya Mi amor en ti. Recíbelo en tu corazón. Recíbelo por fe, de la misma manera que recibiste la salvación por fe. ¡Créelo! Esto va más allá de tu entendimiento, pero permite que Mi Espíritu cambie tu desilusión. Hoy en su lugar, te doy una cita divina. Hoy te cambio tus horarios, tus planes, tu visión, tu propósito. Te recuerdo el llamamiento que tienes desde mucho tiempo atrás. Quiero llevarte a otro nivel. No quiero que sufras más en tu alma cuando tengo la gracia y la unción para llevarte a un nivel más alto en el reino espiritual. Pondré Mi gracia sobre tus pies. Recuperarás el territorio que te fue robado porque Yo estoy llamando a los Míos para ser renovados y refrescados. Para los que están cansados de la batalla, les digo que se retiren del campo de batalla y descansen sobre el vestido de la novia. Cuando digo "Descansa sobre el vestido de la novia", quiero decir, toma tu posición en Mí. Levanta la armadura. Ponte tu vestido de justicia porque cuando uses la vestidura de la justicia, llegarás a ser la persona que fuiste llamada a ser, en la posición correcta, la autoridad correcta, la mentalidad correcta y el llamamiento correcto." ¡Por lo tanto, prepárate para llegar a ser la mujer que fuiste destinada a ser!*

1. Raymond, T. Brock and Horace C. Lukens, "Prevención de la Aventura Amorosa en el Ministerio", *Publicación de Sicología y el Cristianismo*, 8, no. 4 (1989): 44.

2. Steinke, <u>Aventuras Amorosas del Clero</u>, p. 57

Capítulo 3:
La Costilla Quebrada Sanará

La Radiografía dice la Verdad

Una noche me caí en una esquina afilada que había en la iglesia y me fracturé dos costillas revelado por la radiografía en la sala de emergencia. El doctor dijo que no podía tener ningún tratamiento. Solamente tenía que descansar y cuidarme sin hacer mucho movimiento; que tomaría unas seis semanas para sanar. Tuve que aprender a respirar lentamente porque al hacerlo profundamente, los pulmones se expandían y me causaba dolor en la caja torácica. Por lo tanto, tenía que permanecer en cama y hacer movimientos muy limitados por unas semanas hasta que fui sana totalmente.

Dos años después, mientras estaba en otra ciudad en un viaje de ministerio con mi mamá, recordé ese incidente y para esa fecha el divorcio estaba en proceso. Tuve una revelación sobre la costilla quebrada y recordé la historia en la Biblia cuando Dios creó a Eva. El tomó una costilla de Adán para crear a la mujer, su ayuda idónea. Este accidente que había tenido, representaba la relación quebrada entre mi esposo y yo. Para este tiempo, la costilla quebrada físicamente había sanado totalmente, pero durante el proceso de sanidad, el dolor e incomodidad que experimenté fue muy dolorosa. Ha tomado muchos años para sanar la relación quebrada entre mi esposo y yo, pero cuando realicé que la sanidad era posible, la esperanza empezó a florecer y un sueño para un nuevo destino empezó a desarrollarse. Empecé a tener la expectación de que algo bueno iba a acontecer porque lo peor ya había pasado. Había estado como paralizada, pero esta vez empecé a moverme en una dirección diferente; en una dirección positiva, moviéndome hacia delante, caminando hacia mi destino. ¡Bendecido sea Su Nombre!

Estudiando mas sobre relaciones quebrantadas, reflexioné sobre las fases que la persona experimenta durante su transición del divorcio al encuentro de su destino.[1]

Fases de la Transición

1. *Negación*: Esto es cuando tratamos de ignorar o minimizar lo que ha pasado con nuestro matrimonio y guardamos la esperanza que haya una reconciliación. Es difícil confrontar el hecho de que *"Esto me está pasando a mi"*.

2. *Enojo*: Empezamos a temer lo que puede suceder y nos ponemos a la defensiva demostrándolo con enojo, causado por el rechazo.

3. *Depresión*: Nos sentimos devaluadas y tristes, especialmente en los cumpleaños, aniversarios, el Nuevo Año, Navidad y otros días festivos.

4. *Aceptación*: Cuando inicia tu recuperación, empiezas a aceptar el hecho de que hay un futuro

para ti. Hay nuevas metas y la paz que empieza a llenar tu corazón y mente.

5. *Esperanza*: Empiezas a entender que hay un propósito independiente para tu vida. Tienes una nueva motivación para "*mañana*".

6. *Cumplimiento*: Durante esta etapa en tu vida, el "*pasado*" es el "*pasado*". No tienes que traer a tu mente memorias antiguas porque tu "*futuro*" está en tu "*presente*".

Tuve que aprender renovar mis pensamientos, reenfocándome en mi futuro y pidiéndole a Dios que me diera una nueva visión para mi vida. Tu visión necesita estar enfocada en el Sanador, no en la enfermedad, en nuestro Libertador, no en los problemas, en nuestras Victorias, no en las derrotas, en el Poder de Dios, no en nuestras debilidades, en la Paz de Dios no en la confusión, en nuestra Fe en Dios, no en la duda. Finalmente, necesitas enfocarte en Tu Destino, no en el pasado. ¡El Espíritu Santo te ayudará en cada paso del camino!

La Verdad se revelará por tu Corazón

Tienes la opción de dejar el pasado o cargarlo contigo. También tienes la opción de ser leal al plan de Dios para tu vida o no. Tienes la opción de apoyar a tus hijos y ayudarles a alcanzar su destino. Tus decisiones de hoy afectará también el destino de tus hijos. Yo me enfocaba en lo que me estaba pasando a mí y a veces olvidaba lo que sentían mis hijos. Ellos también estaban destrozados y en un estado de confusión, teniendo que ajustarse a vivir en dos hogares, yendo de un lugar a otro cada semana por el orden del juez, tratando de agradar a ambos y aparte tratando de tener buenas notas de la escuela.

Como su padre siempre evitó toda comunicación conmigo, mi frustración y enojo me permitió empezar a evaluar cómo debía ser mi conducta con mis hijos para que pudieran pasar su jornada con éxito. Como mis acciones eran una expresión de lo que se encontraba en mi corazón, yo supe que necesitaba continuar entregando mi todo a Dios. Durante mi etapa de dolor, tuve que aprender a perdonar diariamente. El dolor y autocompasión te robarán tus fuerzas. Esas fuerzas son las que necesitas para adelantar en la nueva etapa de tu vida, que es mucho mayor que el tiempo antes de tu perdida. Es fácil perder nuestra mirada en las promesas de Dios cuando estamos en situaciones difíciles porque estamos heridas y experimentamos perdidas. Aunque durante este tiempo de gran prueba, nuestro cuerpo, mente y emociones están tan débiles, fácilmente nos desanimamos. Pero ten por seguro, que Sus ángeles están ministrando a tu vida.

El enemigo más grande con que tenemos que pelear es la autocompasión. La autocompasión no nos permite ver el plan perfecto de Dios y su gloria manifestada en nuestra vida. Nuestro *"yo"* se levanta y nos provoca a decir, *"¡Ah! Pobre de mí. Lo perdí todo. Ya todo terminó para mí."* Entonces es cuando debemos permitir que Dios, como nuestro Sanador, sane nuestras heridas. Tenemos la opción de perdonar o podemos permitir que en nuestra mente tome posesión la autocompasión. Quizá tengamos la tendencia de acusar a Dios por el dolor que estamos experimentando y preguntarle, *"¿Dios, porque permitiste esto en mi vida? Yo no lo merezco."* Pero, al estudiar la Palabra de Dios, supe que hay muchas razones por las cuales el enemigo quiere destruir el plan de Dios para nuestra vida. La razón mayor es porque somos una amenaza al reino de la obscuridad si cumplimos con el plan precioso de Dios, ganando almas y enseñando a otros a cumplir con su destino en Dios.

La gracia de Dios está disponible para ayudarte cruzar el puente de tu herencia.[1] El propósito de Dios no desaparece cuando tú experimentas una perdida. Posiblemente, Dios tiene un propósito grande en medio de la pérdida que has experimentado. El propósito de Dios está establecido en los cielos, no importa los desafíos que vienen en la vida. Cambia tu vida y también tu punto de vista de la vida. Las cosas se miran y se sienten tan diferentes que puedes fácilmente saber que Dios está presente en todo lo que estás experimentando. Sentimientos de duda y ansiedad vienen porque no sabes lo que trae el futuro, pero puedes confiar que Dios sabe lo que viene en la próxima etapa y no permitirá que la pases sola. Todo depende como respondas en este tiempo; así vendrá tu éxito. Necesitas que Dios te muestre lo que debes dejar atrás. Esto es vital para lograr la transición en victoria. No podrás hacer esta transición con éxito si no incluyes el perdón.

El perdón es la clave de un corazón sano. Si no aprendes a perdonar, tu destino será retrasado hasta que hayas perdonado. La vergüenza y la confusión tratarán de tomar lugar en tu corazón, pero niégate a permitir que se queden, rechazándolos continuamente y meditando en lo que Dios dice que eres. Cuanto más tiempo tiene la persona de ser cristiana, mas grande es la carga de vergüenza religiosa que está cargando. La vergüenza es culpabilidad falsa. Te da el sentir que *"Yo soy inadecuada y despreciable como una persona"*. Esta actitud o creencia se pasa de los padres a los hijos. Terapistas llaman este patrón que pasa de una generación a otra: la *"transmisión multi-generacional"*, pero la Biblia lo llama una *"maldición"*. Es como un rio fluyendo sin interrupciones por generaciones porque los comportamientos se repiten de una generación a otra. Es mi responsabilidad entender las raíces de esa vergüenza, entender la experiencia de mi herida y hacer decisiones diferentes en el presente. Es mi decisión, con el poder del Espíritu Santo, parar ese ciclo de dolor. Se puede hacer contando en la fortaleza de Dios un día a la vez para lograr hacer decisiones prudentes. Mientras más entiendes tu pasado, mas grande es la posibilidad de poder controlar lo que va a pasar a la próxima generación. Es necesario entender los problemas *(pecados)* en el árbol familiar porque no quieres que los *"pecados de los padres"* pasen por el árbol familiar en la vida de tus hijos. Necesitamos declarar, *"¡Mis hijos serán bendecidos!"*

Mientras leía el libro, <u>Secretos de Tu Árbol Familiar</u>, encontré que hay personas que entran al ministerio por razones disfuncionales. Estas personas con frecuencia son *"ayudantes de gente"* y se sienten inútiles si no están ayudando o ministrando a alguien. Este es un patrón disfuncional. Algunos pastores y líderes de iglesia sirven al punto de agotamiento y se cargan sin ningún gozo para disfrutar sus regalos más grandes dados de Dios, su esposa y familia. Algunos se sienten *"manipulados"* por demandas irrazonables y un resentimiento lento empieza a crecer dentro de ellos. Los siguientes son avisos a los cuales se debe poner atención:

- Una compulsión de *"ministrar"* o solucionar los problemas de otros

- Estar siempre disponible para otros y nunca o casi nunca para tu familia

- Haciendo a otros lo que ellos pueden hacer por si mismo

- Sintiéndose vacío si no hay un problema que resolver o alguien a quien ayudar

- Dejando lo más importante porque alguien más necesita que se le *"ministre"*

Una persona co-dependiente es uno que depende en satisfacer las necesidades de otros para sentirse valorizado. Un pastor, líder cristiano, o cualquier persona que sigue este patrón, está demostrando su propia disfunción. En Cristo, podemos encontrar un sentir personal de valor simplemente porque somos sus hijos, no porque somos *"necesitados"* por otros. La mayoría de los líderes son puestos en un pedestal, varones y mujeres de Dios, que no están entregando su vida diariamente en oración y corren peligro mayor al permitir que la carne reine o su ego se engrandezca. En muchos casos, están muy ocupados con actividades religiosas y sin embargo, no tienen éxito en su matrimonio. Este fue mi caso. Mi esposo amaba la atención, su posición y el poder que venía con su titulo. El orgullo puede ser una característica muy peligrosa que puede hacerles caer si no se trata inmediatamente. La persona orgullosa no aceptará palabras de sabiduría. Él cree que él está bien. Mi esposo aconsejaba a las mujeres solo, y aunque traté de explicarle que ese método particular de consejería no era sabio, me acusaba de *"celosa"* y *"no sabía de lo que estaba hablando"*. Esa fue la manera que él abrió la puerta del enemigo para derribarlo y terminó con nuestra relación, matrimonio y familia. Sin embargo, yo traté de proteger mi matrimonio de la *"apariencia del mal"* con el sexo opuesto, pero él no estaba de acuerdo porque sus sesiones de consejería estaban alimentando su ego. Continué dándole mi apoyo fiel en oración, sabiendo que él estaba en gran peligro. Sabía que lo peor iba a acontecer si él no cambiaba su manera de vivir. Yo sentí que no tenía la libertad de ser honesta ni compartir mis opiniones y valores con él porque sus ideas eran diferentes, y no aceptaba, ni valorizaba mis opiniones. Si las expresaba, yo pagaba alguna consecuencia, usualmente el *"tratamiento de silencio"*. Como no tenía la libertad de discutir nada con él, las circunstancias siguieron su curso, fueron controlados por sus sentimientos, percepciones y deseos. *¿Qué podía hacer si él pensaba que estaba bien?* Me sentí impotente e indefenso. No tenía control sobre mi vida concerniente mi matrimonio y mi único recurso era Dios. Él me iba ayudar con lo que venía porque las decisiones de mi marido no estaban en línea con la Palabra de Dios y yo sabía que mis hijos y yo pagaríamos las consecuencias algún día. Aunque mi confianza estaba en Dios, no podía entender el camino que me esperaba y por qué Dios estaba permitiendo esa ruta cuando no era nuestra culpa. La esperanza para mi matrimonio empezó a desaparecer.

Prov. 13:12 dice:

> **"La esperanza que se demora es tormento del corazón...."**

Yo empecé a sentirme controlado por él a un nivel más profundo y mi corazón empezó a sufrir. Él no sabía cómo pedir perdón por su orgullo y machismo. Esta vez, después de dieciséis años, yo tenía que hacer lo correcto y ya no permitiría que me menospreciara. ¡No realicé que todo el infierno se iba a soltar!

Su Fortaleza durante tu Transición

Tomó dos años la autorización del divorcio y transición que no fue solamente mía, sino también para mis tres lindos hijos. Era una experiencia abrumada para ellos. Gracias a Dios los niños tienen un mecanismo dado por Dios llamado *"ajuste"* que les ayuda con los cambios en la vida. Algunos niños se ajustan más rápidamente que otros. Hay otros que les cuesta un poquito más, dependiendo de su carácter y personalidad. Esta es unas de las razones por las cuales algunos niños maduran más rápido.

Como su padre no aprendió a respetar los límites en su niñez, esto impactó negativamente en nuestra familia. Aun cuando te enseñan a respetar a otros y sus derechos de expresar sus deseos, a veces se puede confundir, especialmente durante la transición por todas las preguntas que vienen a la mente. Durante el divorcio y más adelante, podrás sentirte abandonada cuando tus hijos tienen que visitar a su papá por orden de la corte. Te culpas o vergüenzas por falta de amor o lealtad hacia ti. Yo sé que no es justo que la corte tenga que decir que es lo que harán tus hijos, pero recuerda que ellos tienen el derecho de ver a su papá. La corte también establecerá un horario para ellos. No puedes desobedecer la ley porque si no la obedeces, te atienes a las consecuencias. Cuando tus hijos alcancen la mayoría de edad, ellos tendrán libertad de hacer sus propias decisiones, aunque por su lealtad, siempre sentirán la responsabilidad de visitar a ambos padres. Te sentirás amenazada por la pérdida de control que antes tenía sobre tus hijos. No uses el enojo o critica para expresar tu descontento sobre la separación de tus hijos. Cuando tus hijos regresan a tu casa y vienen demostrando comportamientos que no permites en la tuya, solo enséñalos con amor y sabiduría la razón por la cual tienes tales reglas en tu casa y ayúdales sentirse amados. Los niños se tratarán de agradar a ambos padres. Puede ser que sea un mecanismo para sobreponerse al problema. También tratarán de manipular a sus padres para que las circunstancias trabajen en su favor. Quizá podrán sentir un poco de competencia entre sus padres. Hay que decirles que lo que está ocurriendo no es un juego, pero ayudarles desarrollarse, madurar y llegar a ser lo mejor que puedan ser en Dios. Yo cambié mi agenda de actividades para pasar más tiempo de calidad y suplir las necesidades de mis hijos cuando ellos estaban conmigo. Mientras ellos no estaban conmigo, hacía todas mis tareas de casa, cuentas, lavar la ropa, compras y otras responsabilidades. Así que cuando ellos venían, yo podía tomar todo mi tiempo con ellos. Durante tus nuevos pasos como madre soltera, puede ser que experimentas algunos de estos sentimientos. Recuerda, Dios está contigo. No estás sola. ¡Entrega tus emociones a tu Sanador quien tiene poder para desarrollar el nuevo *"tu"*!

1. Enojo escondido

2. Vida fuera de control

3. Falta de identidad

4. Constantemente culpando a otros

5. Depresión

6. Ansiedad

Si tienes la oportunidad de recibir consejería cristiana o puedes conseguir buenos libros de consejería u otro tipo de ayuda, toma ventaja de estos recursos para cuidar de tu misma. Tus hijos necesitan tu estabilidad emoción.

La respuesta para la restauración es la misma, oración y la Palabra de Dios. Aquí es donde la gracia entra el escenario para ti. La gracia es la falta de condenación.

Romanos 8:1 nos dice:

> ***"...ninguna condenación hay para los que están en Cristo Jesús..."***

Necesitamos aprender *"estar firmes y vivir"* en gracia. No es por nuestros hechos o acciones que tenemos una posición justa, pero lo opuesto es verdad. Aunque no lo merecemos, el amor y misericordia de Dios nos da acceso a la gracia como es mencionado en ***Romanos 5:2***.

"...*tenemos entrada por la fe a esta gracia en la cual estamos firmes...*

Personas que crecen en familias que tratan el fracaso de manera disfuncional demuestran muchos síntomas de disfunción. Una es, por ejemplo, la actitud *"Yo nunca estoy mal"* o *"Yo nunca me equivoco"*. Esta persona no puede admitir sus fracasos, equivocaciones y errores. Eso demuestra inmadurez, inseguridad en sí mismo y se considera *"el salvador del mundo"*. Por el contrario, si cree que no tiene nada que entregarle a Dios, las circunstancias no cambiarán y puedes ver desde ya, el fracaso de su vida, a menos que Dios intervenga. Tus sentimientos de frustración tendrán que ser calmados por tu entrega completa a Dios. Aun cuando no puedas pelear contra estos sentimientos, hay que perseverar, porque si te dominan, no cumplirás con el propósito de Dios para tu vida hasta que venzas los pensamientos de tu pasado. La carga será muy pesada y te tomará más tiempo para llegar a tu destino. Por lo tanto, suelta el peso adicional, entregándolo todo a Dios. Como el pueblo de Dios en el desierto, caminarás alrededor la montaña hasta obedecer los mandamientos de Dios en tu corazón. ¡Avanza! ¡Toma pasos hacia tu destino! Cuando estás caminando, piensa y declara, *"Estoy poseyendo la tierra y territorio que Dios me está dando para mi futuro and el futuro de mis hijos. Yo recibo mi porción en el nombre de Jesús"*.

¡Aspira a la excelencia! ¿Porque conformarse con menos cuando puedes tener lo mejor? ¡Recuerda, tú eres una mujer de excelencia! ¡Tú eres un vaso de honor!

Pasé los primeros años durante y después del divorcio confesando continuamente que perdonaba. Pero cuando venía a mi mente todo lo que había pasado, me costaba perdonar, especialmente mientras duraba el proceso del divorcio. Durante el proceso, tenía que comunicarme con el abogado, asistir a las citas de la corte y preparar documentos. Pensaba mucho en mis hijos y la manera como todo esto les estaba afectando. Tratando de entregar mis pensamientos a Dios, me ocupé con el cuidado de la casa y con mi trabajo como maestra de escuela. Cuando reflejo en el pasado y esos tiempos difíciles, me he dado cuenta que una de las funciones del poder de la salvación y liberación es *"redimiendo el pasado"* de la mano del enemigo, para que ya no fuera una arma contra mí ni mis hijos.

Los muchachos regresaban después de haber visitado con su papá y compartían lo que estaba pasando allá, incluyendo mucha gente y mujeres que estaban allí y otras situaciones. Él tuvo que dejar la denominación de donde éramos pastores y se unió a otra, compartiendo con la nueva iglesia que yo le había abandonado. Ellos lo aceptaron como su pastor, pero yo sabía que el estilo de vida que él llevaba no era correcto delante de Dios. Yo me frustraba al saber que mis hijos tenían que ver tan mal ejemplo de su papá. Sin embargo, yo sabía que todos tendremos que dar cuentas a Dios algún día por nuestro caminar en la vida.

¿Que hacía diariamente para levantar mi ánimo y tomar pasos de fe para mi futuro? Tenía que...

1. Confesar y entregar cada experiencia y emoción al Señor

2. Dejar que ministrara sanidad con Su amor incondicional

3. Perdonar a otros come Él me perdona

4. Permitir que el amor de Dios sanara todas mis heridas

5. Orar y rodearme en la presencia del Señor

Aunque muchos días están llenas de perdón y otros con la falta del perdón, continúa perdonando día tras día y esa montaña rusa de emociones empezará a balancearse y estabilizarse hasta que el perdón, que has estado confesando, vaya sanando tus heridas como la costilla quebrada que estaba siendo sanada.

Restauración de la Costilla Quebrada

Tuve que tomar los pasos siguientes de restauración y crecimiento en mi vida espiritual, emocional y mental para entrar en una posición de inicio, donde iba a empezar a caminar hacia mi destino.

1. **Dejar el Pasado atrás y empezar a renovar tu mente**

   Filipenses 3:13-14 dice,

   "Hermanos, yo mismo no pretendido haberlo ya alcanzado; pero una cosa hago; olvidando ciertamente lo que queda atrás, y extendiéndome a lo que está delante, prosigo a la meta, al premio del supremo llamamiento de Dios en Cristo Jesús."

Es importante recibir el conocimiento de la Verdad por medio de la Palabra, renovar nuestra mente con la Verdad y usar las armas espirituales de acuerdo a *II Corintios 10:4-5* para...

   "derribar argumentos y toda altivez que se levanta contra el conocimiento de Dios..."

2. **Crecer en el Presente a través de la búsqueda y dirección del Espíritu Santo**

Col. 1:10 declara,

"...andéis como es digno del Señor, agrandándolo en todo, llevando fruto en toda buena obra, y creciendo en el conocimiento de Dios."

II Pedro 3:18 dice,

"...creced en la gracia y el conocimiento de nuestro Señor y Salvador Jesucristo. A él sea gloria ahora y hasta el día de la eternidad. Amén."

Necesitamos morar y continuar en la Palabra hasta que se convierte en la revelación dada por el Espíritu Santo. Hay nuevas versiones de la Biblia que le ayudará a comprender mejor las Escrituras, pero cuando llega la revelación, sabrás en tu corazón y mente que el Espíritu Santo ha abierto los ojos de tu corazón para entender las cosas del Espíritu.

3. **Alcanza tu Destino y Afírmate**

    Jeremías 29:11 nos dice,

    "Porque yo se los pensamientos que tengo acerca de vosotros, dice Jehová, pensamientos de paz, y no de mal, para daros el fin que esperáis."

    I Corintios 15:58 explica,

    "Así que, hermanos míos amados, estad firmes y constantes, creciendo en la obra del Señor siempre, sabiendo que vuestro trabajo en el Señor no es en vano."

De La Restauración a la Revelación

La verdad siempre es revelada por la Palabra de Dios. Tenemos que aprender de aceptarla y no permitir que nuestro pasado afecte negativamente el resto de nuestra vida. Nuestro pasado puede explicar nuestro sufrimiento, pero no podemos usarlo como una excusa de mantenernos atadas. Dios nos da direcciones de restauración y obtendremos nuestra victoria si estamos dispuestas a obedecerlas. ¡Toma esa verdad en el nombre de Jesús! *I Corintios 10:13* nos promete…

> *"No os ha sobrevenido ninguna tentación que no sea humana; pero fiel es Dios, que no os dejará ser tentados más de lo que podéis resistir, sino que dará también juntamente con la tentación la salida…*

Joyce Meyer, en su libro, <u>Campo de Batalla de la Mente,</u> nos dice que no puedes tener una vida positiva y una mente negativa. Tú vida no se alineará con el propósito de Dios hasta que tu mente lo hace. ¿Recuerda los que dice *Prov. 23:7*?

> *"Porque cual es su pensamiento en su corazón, tal es él."*

Esto quiere decir que pensamientos erróneos y negativos no nos permitirán de caminar en el Espíritu. Tu caminar cumplirá la visión de Dios y la revelación de tu propósito. Puedes caminar adelante, en reverso, o estar como que estuviera paralizada. De nuevo, la decisión es tuya. Tu caminar depende en tu hablar y tu hablar depende en tu escuchar. Si escuchas la Palabra de Dios y empiezas a hablarla, ciertamente empezarás a caminar en ella. Cuanto inviertes tiempo para escuchar y meditar en la Palabra de Dios y cuanto la hablas y la confiesas, tus palabras determinarán tu avance en Su plan divino para tu vida.

Salmos 86:11 declara, *"Enséñame, oh Jehová, tu camino; caminará yo en tu verdad..."*

Tu misión en la vida es como cruzar el mar. En la vida, encontrarás el sol sonriente, el cielo azul, las aguas calmadas y brisas favorables. Pero, también encontrarás nubes obscuras, tormentas, las olas violentas y vientos fuertes. A veces, el clima puede ser imprevisible. Cuando *"caminamos"* por la vida, necesitamos aprender a depender totalmente en Dios. En griego, la palabra *"caminar"* significa *"caminar por; pasar por algo"*. Podemos confiar en el poder de Dios en tiempos de peligro o problemas. Las olas grandes azotarán nuestro barco. Las aguas caerán dentro del barco, pero no te hundirás mientras Jesús está en la barca contigo. *Salmos 34:19* dice...

"Muchas son las aflicciones del justo, pero de todas ellas le librará Jehová."

Satanás no puede destruir tu misión, llamamiento, visión, sueño o propósito de Dios para lo cual fuiste creada. Recuerda que tu propósito afectará el propósito de tus hijos y tus nietos. ¡Tú eres una mujer bendecida! ¡Tus hijos y tus nietos serán bendecidos! ¡Aleluya! *Isaías 43:19* dice:

"He aquí que yo hago cosa nueva; pronto saldrá a luz; ¿no la conoceréis? Otra vez abriré camino en el desierto, y ríos en la soledad."

En medio de tus dudas, confusión, enojo, soledad y temor, Dios abrirá un nuevo camino durante tu transición. Estos sentimientos lentamente desaparecerán al poner tu confianza en Dios. Solamente afírmate en Él y cuando todo fracasa, afírmate de nuevo. Dios honrará tu fidelidad. El abrirá un nuevo camino donde parece que no hay. Él te dice ahora mismo, *"Yo te libraré y te sanaré. Te renovaré y te ungiré. Te* confirmaré porque verdaderamente te he tomado como mi hija." Cuando aceptas a Jesús como tu Señor, Él te indicará a afirmarte en Su fuerza. Tú sabrás lo importante tú eres para Él. Parte de tu recuperación es aprender cómo a vivir en el "hoy" en lugar del "ayer". Eso era el "pasado", pero ahora estamos en el "presente". Permíteme hacer una declaración de fe en tu vida ahora.

Yo proclamo y declaro sanidad infiltrando tu corazón y mente ahora mismo. ¡Yo profetizo vida y liberación a ti hoy en el nombre de Jesús! Él está reconstruyendo tu autoestima, tu auto-respeto, tu dignidad y tu integridad ahora. La restauración se está activando en tu ser entero y la victoria es tuya. ¡Recíbelo en el nombre poderoso de Jesús de Nazaret! Tú recuperarás lo que has perdido. Tú has sufrido y se regresará a ti todo que te fue robado. Permite que el poder de Dios y Su unción te toque en esos lugares de dolor. Él sabe que has pensado en la mujer que hubieras sido o la mujer que podrás haber sido. Dios está sanando y restaurando a esa mujer en ti al clamarle a Él. El enemigo quería cambiar tu destino a través de eventos de devastación, pero Dios te restaurará a un estado completo y usará tus circunstancias para venir contra el enemigo, ministrando a los que están en el mismo dolor que tú has sufrido. La mujer triunfante está saliendo al nivel a donde pertenece. Dios te está dando el manto de alabanza en vez del espíritu de tristeza. Hoy pongo sobre tu cabeza tu corona de autoridad y pongo tu manto de justicia sobre tus hombros. Te entrego el cetro de favor en tu mano. ¡Tú estás lista para reinar con Cristo en el lugar que Él te ha asignado en el nombre de Jesús!

Isaías 61:3 dice que el Espíritu está sobre el Señor y le ha enviado…

> *"que se les de gloria en lugar de ceniza, óleo de gozo en lugar de luto, manto de alegría en lugar del espíritu angustiado…"*

No importa lo que has sufrido, puedes levantar tu cabeza y caminar como una reina. ***Salmos 24:9-10*** te está diciendo…

> *"Alzad, oh puertas, vuestras cabezas, y alzaos vosotras, puertas eternas, y entrará el Rey de Gloria."*

Ponte en Posición de Grandeza

Recibí mucho alumbramiento al leer el libro del Hno. Mike Murdock, Comentario de Sabiduría 1, en el capítulo titulado, "*Enemigos*". El dice, "*Cuando Dios ha usado los beneficios de tu etapa presente, Él asigna a un enemigo que sea tu salida de esa etapa*."[2] Nunca había visto a mi situación de esa manera porque de acuerdo a la Palabra de Dios, el matrimonio es para toda la vida. Pero, la palabra que falta en mi frase es "*sagrado*" y debe de leer "*el matrimonio sagrado es para toda la vida*". Tiene que ser un matrimonio sagrado y saludable, no uno como el que yo experimenté. Si estás de acuerdo conmigo o no, yo sí creo que Dios me movió a mi próxima etapa por medio de mi adversario; en este caso, mi esposo. Yo fui liberada de destrucción por medio del divorcio. El dolor en mis circunstancias del pasado era necesario para dar a luz al sueño que Dios estaba desarrollando en mi vida. Ese dolor de mi alma dio lugar a la humildad y la humildad atrae a Dios y sus ángeles para trabajar a mi favor.

Tú tienes acceso sin límite a las promesas de Dios que son legalmente tuyas por tus derechos de nacimiento en la familia de Dios por medio de Cristo Jesús.

Gálatas 3:29 nos dice:

> *"Y si vosotros sois de Cristo, ciertamente linaje de Abraham, sois, y herederos según la promesa."*

II Pedro 1:3 dice claramente…

> *"Como todas las cosas que pertenecen a la vida y a la piedad nos han sido dadas por su divino poder…"*

Tú tienes como herencia el poder, prosperidad y protección. *Deuteronomio 28:1-13* nos da treinta y una promesas solo en ese capítulo. En este pasaje encontramos tres tipos de promesas.

- **Promesas de Poder**

  Mateo 10:1 – *"… les dio autoridad…"*

  Hechos 1:8 – *"pero recibiréis poder…"*

- **Promesas de Prosperidad**

  II Cron. 1:12 – *"…te daré riquezas, bienes y gloria…"*

  Mateo 6:33 – *"…todas estas cosas os serán añadidas…"*

- **Promesas de Protección**

  Éxodo 15:26 – *"…Yo soy Jehová tu sanador…"*

  II Timoteo 4:18 – *"Y el Señor me librará de toda obra mala…"*

Cuando das lugar a que estas promesas operen en tu vida, el fruto del Espíritu automáticamente empieza a brotar. ¿Cómo operan las promesas en ti? Empieza a tomar los pasos siguientes para ponerte en posición para abrazar tu destino.

1. Conoce tu posición en Cristo y la posición de Cristo en ti.

Gálatas 2:20 dice:

"Con Cristo estoy juntamente crucificado, y ya no vivo yo, mas vive Cristo en mi; y lo que ahora vivo en la carne, lo vivo en la fe del Hijo de Dios, el cual me amó y se entregó a sí mismo."

Gálatas 4:7 nos dice:

"Así que ya no eres esclavo, sino hijo; y si hijo, también heredero de Dios…"

Para esto, tienes que estar dispuesta a crucificar tus deseos carnales. El *"yo"* tiene que morir y dar lugar al Cristo vivo. Después de analizar tus circunstancias y tratar de entender tu origen, tomarás la autoridad de la Palabra de Dios para poner el pasado debajo tus pies. ¡Pero, no te rindas! No importa si la condición de tu vida está mal. Recuperarás el territorio que el Diablo te robó. Yo sé que estás pagando consecuencias por las decisiones equivocadas de alguien más, pero recuerda que recuperarás tu posición, poco a poco, con tu fe y confianza en Dios, tu Restaurador. De repente, el día vendrá, así como en la vida de José que Dios hará el milagro y te colocará en la posición por lo cual fuiste llamada. Aprenderemos a depender de la gracia de Dios y no en nuestra habilidad para conseguir los resultados que deseamos. Dios promete en *Isaías 43:2-3…*

"Cuando pases por las aguas, yo estaré contigo; y si por los ríos, no te anegarán. Cuando pases por el fuego, no te quemarás, ni la llama arderá en ti. Porque yo Jehová, Dios tuyo, el Santo de Israel, soy tu Salvador..."

2. Está disponible a Dios.

Isa. 6:8 declara...

"Después oí la voz del Señor, que decía: ¿A quién enviaré, y quién irá por nosotros? Entonces respondí yo: Heme aquí, envíame a mí."

El enemigo tratará de recordarte de tu pasado y los afectos secundarios de ese dolor, pero cuando estás disponible para Dios y todo lo que Él tiene para ti y tu futuro, no pierdas tiempo pensando en tu pasado. Piensa en tu futuro. El problema quizás tiene sus raíces en el pasado, pero tú victoria está en el presente. Toma lo que la Palabra dice para ti "*hoy*". Esta palabra de ánimo que estás escuchando hoy tiene poder para sanar tu "*ayer*". Necesitas cooperar con el plan de Dios para tu vida para dar el paso para tu próxima etapa que Él ha ordenado para ti. Dios te llevará de tu realidad dolorosa a la gloria del plan restaurativo de Dios. Por lo tanto, ponte en posición para recibir lo que Dios tiene para ti y tu futuro.

3. *Reclama tu herencia y reconocer lo que tienes en Cristo.*

El Espíritu Santo, que habita en ti, ha sido enviado a ayudarte a madurar y crecer en el Señor. Él habita en nosotros para darnos victoria sobre el pecado, santificándonos diariamente, dándonos el carácter de Cristo. Él nos capacita a servir al Señor y nos da de Su poder a través de Su dones para el ministerio, haciéndonos efectivos para toda buena obra. Ambos la llenura y bautismo del Espíritu Santo son esenciales si queremos alcanzar nuestro potencial en Cristo y llegar a nuestro destino. Entramos en guerra espiritual contra fracasos del pasado, insuficiencias y abandono que amenazan a detenernos de nuestro avance que no nos permiten de tomar nuestra posición de acuerdo a las promesas de Dios. Por lo tanto, vamos a cumplir con el propósito de Dios y cumplir con el destino por lo cual Él nos creo, recibiendo todo que el Espíritu Santo ha provisto para nosotros. El llamamiento de José envolvió mucho más que proveer recursos en tiempos de escases. El verdadero ministerio de José fue una unción triple de acuerdo a **Génesis 41:40-42** que dice:

> **"Tu estarás sobre mi casa, y por tu palabra se gobernará todo mi pueblo; solamente en el trono seré yo mayor que tu. Dijo además Faraón a José: He aquí yo te he puesto sobre toda la tierra de Egipto. Entones Faraón quitó su anillo de su mano, y lo puso en la mano de José, y lo hizo vestir de ropas de lino finísimo, y puso un collar de oro en su cuello."**

En un día, Dios puso a José en posición de grandeza, elevándolo de la prisión al palacio. Primero, recibió el anillo del rey, representando la autoridad espiritual. El anillo del rey significaba que José tenía el respaldo total del rey. Tú también eres hija del Rey con todo el respaldo de tu Padre celestial. En segundo lugar, lo vistieron con ropa real, representando el sacerdocio del Señor, vestido en pureza y en la naturaleza de Cristo. Finalmente, José recibió un collar de oro, representando prosperidad que era necesario para cumplir con el plan divino de Dios para su vida. Tú también tienes esta unción triple en el lugar de grandeza que Dios ha diseñado para ti.

1   Pierce, Chuck & Sytsema, Rebecca Wagner, <u>Poseyendo tu Herencia</u> (Ventura, CA, Libros Renovados, 1999, p. 69

Capítulo 4:
Abraza a tu Gigante

*Circunstancias Adversas te Elevan

Circunstancias adversas vienen del tamaño de un gigante, por lo menos, así es como me parecía a mí, porque este gigante era una experiencia totalmente nueva para mí. Cuando nunca has tenido que tratar con un *"Gigante"* de este tamaño, el *"Gigante"* de la separación y divorcio, la vida se complica y la idea de tu destino empieza a desaparecer, especialmente cuando pensaste que tu relación matrimonial suponía durar toda la vida. Este *"Gigante"* en mi vida suponía ser la voluntad de Dios para mí. *¿Cómo debía confrontarme con este conflicto cuando debía ser una relación que Dios había ordenado para toda mi vida?*

A pesar de las malas decisiones de otros, y como afectan toda la familia, tú tienes la opción de escoger vida o muerte, bendiciones o maldiciones, alegría o dificultades. No importa las circunstancias incontrolables, hay un mandato y el poder de Dios para un gran avance. Los que no conocen a Cristo como Salvador y Señor, no tienen idea de lo que hay disponible para sanidad de su alma, pensamientos e emociones. Por esta razón es importante de compartir nuestra experiencia personal de salvación con ellos, para que conozcan esta relación maravillosa con Dios, quien está disponible para sanar cada herida.

<u>Mira a tu Gigante Directamente a los Ojos</u>

Aunque parece difícil hacerlo, no le tengas miedo de tu gigante. Tú tienes fortaleza interior que solamente se desarrolla en circunstancias adversas, cualquier que estas sean. No estás sola en tu jornada. Tu mente tiene que estar alerta y positiva, pensando que vas a pasar por esta tormenta con tu confianza totalmente en Dios. Pues, Su gracia es suficiente en tu debilidad.

Tus hijos necesitan saber que los amas mucho, a pesar de las circunstancias. También necesitan saber que ellos no tienen la culpa del divorcio. El enemigo tratará de poner esto en sus mentes. Asegúrate de hablar con ellos tocante este asunto. Este es el tiempo de demostrar tu cariño y atención por ellos como nunca antes.

Esta situación con la familia afectará el rendimiento en sus estudios en la escuela, por lo tanto, es importante estar en comunicación con los maestros y revisar las tareas diariamente, porque ellos necesitan continuar adelante, con su educación. Ellos estarán pensando en las circunstancias de la vida mientras están en la escuela, por lo tanto, permanece orando por ellos. Si notas un cambio en sus calificaciones o la maestra empieza a compartir sus preocupaciones, apóyales en todo lo que necesitan. La escuela debería proveer ayuda adicional con tutoría si es necesario. Proponte a trabajar en el auto-estima continuamente. También es importante que tengan buenas amistades y que se involucren en actividades enfocados en su desarrollo y crecimiento físico, mental y espiritual. Aunque creas que no tienes fuerzas de perseverar y te sientes débil emocionalmente y mentalmente, cuídate a ti misma. Nadie te va a cuidar, solamente tú. Aunque tengas el apoyo de tu familia y amistades, ellos no pueden estar contigo cada momento del día. Cuando te sientes desanimada y vengan preguntas como, *"¿Cómo puede estar sucediéndome esto?* "o *"No merezco esto. Yo he sido fiel y la mejor esposa."*, reconoce que todo esto pasará. Con el tiempo, las cosas mejorarán, porque tu destino está en tu futuro. Piénselo de esta manera. Como van pasando los días, te estás acercando mas a tu destino.

Abraza a tu Gigante, No Importa Que

Es importante aprender a abrazar a tu gigante porque esto permitirá avanzar en tu proceso y tu corazón quebrantado será sanado. En el proceso, esperarás que la reconciliación aún sea posible, pero en el caso donde no hay opción, tienes que dejar esa relación para poder entrar por la puerta de tu destino. **¡Tu vida no se ha acabado**! Si solo pudieras ver por los ojos de Dios, te moverías con una motivación más grande hacia tu destino.

Yo había experimentado abuso religioso asociado con distorsiones de liderazgo y sumisión, no solamente en mi matrimonio, pero también en la denominación. Tuve que perdonar a cada uno de los líderes ejecutivos de la mesa directiva del distrito por no usar la sabiduría, ni los dones espirituales de Dios para reconciliar nuestro matrimonio. Yo pensé que tenían carácter espiritual. Pues, bajo la dispensación Judío, el sumo sacerdote tenía inscrita en letras de joyas sobre la lamina de oro: "*Santidad a Jehová.*" Por lo tanto, cada predicador en el ministerio de Jesús debe de ser moldeado en este mismo lema. Porque el hombre que no hace la oración un factor importante en su vida y ministerio es débil en la obra del Señor e impotente en cumplir con la causa de Dios en el mundo como Su vaso. Ahora, entiendo que era Dios libertándome de la devastación por medio del divorcio. ¡Nadie podía ser el mejor esposo para mi como el Novio mismo, mi Señor y Salvador!

Mi sueño cambió por las nuevas oportunidades y encuentros que me esperaban, planeadas directamente por Dios. Tu propósito empezará a tomar un nuevo camino para ayudar a otros que están pasando por circunstancias similares. En su tiempo, todo empezará a tomar forma y las piezas del rompecabezas empezarán a tomar su lugar, una pieza a la vez.

El Gigante se Caerá y Nunca se Levantará

Un nuevo futuro con una nueva libertad de ser "*tú misma*" empieza a formar en ti. Es tan importante que tus actitudes se mantengan positivas. Mi oración durante el tiempo de mi transición era y continúa siendo, "*Mi vida está en tus manos, Señor.*" Yo sabía que Dios tenía un plan divino y que el "*divorcio*" no me iba quitar mi valor, a pesar de lo que la sociedad o la iglesia dicen. A menos que experimentes una situación similar, no puedes saber lo que es esa experiencia.

Nadie entenderá tus sentimientos, solo si han pasado por un trauma similar. Pero, si hay *"Uno"* que experimentó el rechazo y abandono de toda la humanidad. Él venció y nos ha dado la posición y poder de ser victoriosos, si creemos en Él. *Filipenses 4:13* dice:

"Todo lo puedo en Cristo que me fortalece."

Empieza a caminar hacia tu futuro con Cristo como tu nuevo Esposo. Él nunca te dejará o desamparará. Nunca te dejará sola cuando enfrentes nuevos desafíos en la vida y no encuentres quien puede ayudarte. Él siempre está presente en tu vida. Él ha asignado Sus ángeles para ministrarte a ti y a tus hijos. Él está preparándote como Su vaso escogido para ser usado para Su gloria.

David cortó la cabeza de Goliat en el nombre del Señor y los Filisteos tuvieron que huir con temor. Tú puedes cortar la cabeza de inutilidad y rechazo en tu vida, tomando los siguientes pasos de sanidad. Tus enemigos huirán y se dispersarán porque verán que el Dios Todopoderoso está trabajando a tu favor.

Pasos a la Sanidad Interior y la Victoria

1. **Sacúdelo diariamente, nunca a regresar y si regresa, sacúdelo otra vez.**

El término *"sacudir"* se refiere a soltar a algo. Hay que soltar esas cosas en tu vida que te están deteniéndote para avanzar en la dirección que Dios desea llevarte. Si, será un proceso, pero sacúdete de esas cosas diariamente. Aunque el proceso de *"sacudir"* tiene más que hacer con la actitud, a veces tienes que ir más profundo para alcanzar esas áreas hondas que necesitan ser sanadas. Uno necesita aprender a clamarle a Él con un llanto inefable de desesperación e impotencia hasta que el poder y fuego de Dios viene a llenar, purificar y vestir tu alma con poder para ser libre de nuevo. El templo debe ser santo para Dios y para esto, hay un gran precio que pagar; muerte a uno mismo para que Dios reina en el lugar santísimo de tu templo. Empieza a soñar de nuevo y asegúrate que Dios es tu compañero de sueños. Confía en Dios a un nivel más alto. Esto será un proceso que necesita tiempo, pero no es imposible de lograrlo.

Muchas mujeres ponen su confianza en su esposo porque le han entregado su vida, creyendo que el amor, protección y felicidad sería *"hasta la muerte los separe"*. El secreto para vivir una vida feliz es de saber que Dios es el único quien puede darte la verdadera felicidad. La felicidad es una decisión. No importa si otros, incluyendo tu esposo, te valúa o no. Cuando aprendes a valorarte por el propósito que Dios te trajo a este mundo, entonces tendrás una verdadera razón para vivir y desear cumplirlo. Soy suficientemente atrevida para decir que hay muchas mujeres que colocan a su esposo en un pedestal, que llega a ser idolatría. Aunque él es el que trabaja para sostener el hogar, es su papel ordenado por Dios, pero él no es un dios. Actualmente, hay muchas mujeres trabajando fuera de la casa para ayudar con las finanzas del hogar. Aplaudimos a las madres y padres solteros que les ha tocado realizar ambos papeles en el hogar. ¡Que Dios les bendiga ricamente y les fortalezca por sus esfuerzos!

Necesitamos ser agradecidas por los varones maravillosos que están cumpliendo son su papel día tras día, proveyendo por su familia. Es un desafío de seguir con esta responsabilidad sin el Señor o su ayuda idónea. Como mujeres, fuimos creadas para ayudar a nuestro esposo y Dios nos capacitó para ese propósito, aunque hay muchas mujeres que no saben cómo cumplir con esa posición y muchos varones que no saben cómo tratar con los dones de su esposa. Es así como empiezan los celos y contiendas, especialmente cuando hay poca comunicación y apoyo uno por el otro. La falta de comunicación o malentendidos pasan mucho con las parejas en la iglesia porque el hombre usa el término *"sumisión"* (**Ef. 5:22**) como una arma, aunque la Palabra de Dios habla de *"sujetarnos los unos a los otros"*.

> ### *"Someteos unos a otros en el temor de Dios."*
> ### *Efesios 5:21*

Las estadísticas revelan que el porcentaje de divorcio dentro de la iglesia es igual al porcentaje fuera de la iglesia. ¡Esto es sorprendente! El enemigo está dividiendo la familia al dividir el matrimonio. Cuando se rompen los votos matrimoniales, crea un impacto negativo en la iglesia y la habilidad de ser ejemplo de la vida victoriosa. Estamos en los últimos días y el enemigo está usando todas las estrategias necesarias para entretener a la Novia, la Iglesia, para que no esté preparada para ese día cuando el Novio regrese por Su Novia. La Iglesia ha estado en proceso de restauración por siglos después que la Iglesia Primitiva y figuras históricas cambiaron el curso de la historia de la Iglesia. Perdió su poder de impacto por la persecución y leyes a través de los años. Pero, el ministerio de la Iglesia será restaurada antes de Su venida y aunque el enemigo usará todo los medios posibles para destruirla, la Novia de Cristo prevalecerá.

Si el destructor de nuestra alma puede alcanzar la familia del Pastor, imagínate como esto impacta la Iglesia. La paraliza o desvía para que no realice su destino, que es de compartir el Evangelio para la salvación de las almas en la comunidad y alrededor del mundo. Entrégate totalmente a Dios sin reservas. Ceder tu voluntad totalmente a Él. Él cumplirá todo de acuerdo a tu fe. Cuando realizas que Dios tiene una asignación divina, Él asume la responsabilidad de remover los obstáculos que se opongan. Ese gigante puede ser un ataque de enfermedad, recursos financieros limitados, una relación quebrantada, un sinfín de experiencias que nos traen desafíos en la vida. Estas dificultades son una prueba de nuestra fe en Dios y nos desafían a ser fiel a nuestro Salvador, a pesar de las circunstancias que encontremos en el camino. Nos dirigen a una apreciación más profunda de nuestra dependencia en Dios. Es hora de remover nuestro enfoque de las circunstancias adversas que nos afectan y poner nuestra mirada en Dios para ayudarnos a pasar la tormenta, porque mas allá de las nubes obscuras está el arcoíris. Es entonces, cuando empiezas a experimentar la sanidad interior. Vas a tener que hacer un gran esfuerzo para mantener tu restauración y así poder percibir la dirección de Dios para tu vida. Dios está alineando todas las piezas del rompecabezas en su lugar, incluyendo de poner en tu camino las personas que van a ser los contactos para lanzarte a tu destino. Quizás estás pensando, *"Esto es muy difícil."* Si, no va a ser fácil, pero si se puede lograr en el nombre de Jesús. *¿Cuánto tiempo tomará?* Tomará el tiempo que tomará para restaurarte y ponerte en tu camino hacia tu destino. Por lo tanto, prepárate para tu jornada de milagros. Tu fruto de paciencia será manifestada en tus emociones y pensamientos mientras pasan los días y cada día te acercas más a tu destino.

La mejor manera de aceptar los desafíos de cada día es ofrecer tu alabanza Él quien merece toda honor y gloria por ir contigo durante tu transición. Como deseas escuchar la voz de Dios como tu nuevo Esposo, es importante que Dios escuche tu voz tambien. Estás sembrando en los cielos con tus palabras y cantos de alabanza y adoración. Aunque estás experimentando dolores de parto extremadamente dolorosos, darás a luz a tu milagro y tu sueño se cumplirá. Alabanza y adoración son armas fuertes que te ayudarán a vencer tus sentimientos naturales de confusión y desesperación y te elevarán al ambiente sobrenatural de Su presencia. Es un sacrificio viviente de alabanza cuando tu carne te dice que no hay razón porque alabarle, especialmente cuando es el dolor del corazón y ya no puedes aguantar más. Sin embargo, lo alabas. Cuando haces este sacrificio, créeme, Dios te está liberando de una vida de dolor, menosprecios, violencia, abandono, decepción e infidelidad. ¡Da gracias a Dios por ser tu Libertador, tu Proveedor, tu Consolador y tu Paz! No hay nada como estar en Su Presencia y permitiéndole a remover esas cargas de tu corazón y tu alma.

2. Camina una vida consistente de obediencia y no olvides usar tus armas espirituales.

David recogió piedras pequeñas para su honda, que fueron sus armas contra Goliat, el enemigo de Israel. Tienes piedras espirituales de guerra que te capacitarán a confrontar tu enemigo.

Aquí están tus piedras de Victoria:

- *Tus Armas: la Palabra de Dios, alabanza & adoración, la oración*

- *Tu Posición: Autoridad del Espíritu*

- *Tu Ataque: El nombre del Señor*

- *Tu Victoria: La Cabeza del Gigante*

El plan de Satanás es a destruir tu justicia porque tú eres una hija del Rey. No solamente has sido llamada a ser Su hija, pero Su Sierva, Su Vaso Escogido y Su Novia. La justicia significa estar en la posición correcta delante de Dios. De acuerdo a *Isaías 54:14*, el enemigo tratará de venir contra de ti en tres maneras diferentes.

"Con justicia serás adornada; estarás lejos de opresión, porque no temerás, y de temor, porque no se acercará a ti."

En primer lugar, el tratará de venir contra ti con opresión. En Hebreo, esta palabra significa *"angustia"*, que es un ataque en el cuerpo. En segundo lugar, el tratará de venir contra ti con temor. La palabra *"temor"* en este contexto significa *"tener miedo"* y el temor produce duda e incredulidad. Es un ataque en el alma, que incluye a tus pensamientos y emociones. En tercer lugar, el enemigo tratará de venir contra ti con terror. Terror en Hebreo significa *"destrucción"*, que es un ataque en el espíritu. El enemigo tratará de atacarte en una dimensión porque impactará a otras áreas de tu ser y puedes ser atacada en todos los niveles, si lo permites. Cuando el enemigo tentó a Jesús cuando estaba en el desierto, Satanás los atacó en Su cuerpo, alma y espíritu. Primero, el enemigo tentó a Jesús diciéndole que convirtiera las piedras en pan. Este fue un ataque en Su cuerpo. Él había estado ayunando por cuarenta días y cuarenta noches. Entonces, Satanás atacó Su alma, ordenándole a caerse del pináculo del templo y echándose abajo, que llamara a los ángeles a rescatarlo. Esta fue una tentación en Su alma que embarca sus pensamientos, emociones y voluntad propia. Finalmente, el diablo, después de llevarlo a un monte muy alto, le mostró todos los reinos del mundo y le dijo que se postrara y adorara. Esto era un ataque en Su espíritu, el área que fue creado para adorar solamente nuestro Creador. Las tres veces, Jesús respondió, *"Esta escrito…"* Nosotros podemos usar la misma Palabra de Dios para responder al enemigo de nuestra alma en nuestras circunstancias.

Mi papá murió en el año 2000 y desde ese tiempo yo he tenido unas pasadías donde mi papá está demostrando su genio incontrolable, experiencias que yo sufrí en mi niñez. Estas pesadillas revelan que mi vida aun está afectada y dejó cicatrices imborrables. Aunque constantemente yo aplico la sangre de Cristo sobre mi memoria, esta clase de experiencias podrían haber sido evitadas. Seguramente nuestros padres hicieron lo mejor que pudieron, según su conocimiento, pero nuestra tendencia natural es repetir con nuestros hijos los mismos patrones que hemos aprendido y experimentado en nuestra niñez. Algunos padres se comportan disfuncionalmente porque están repitiendo experiencias inapropiadas que aprendieron de sus padres. Cuando el comportamiento es inapropiado, debe buscarse ayuda psicológica o consejería familiar u otra forma de intervención para quebrar el ciclo de disfunción, para que tú y tus hijos disfruten la vida abundante departe de Dios en cada área de su vida. No permitas que la opresión, temor y terror quieran derrotarte. Pelea por el destino de ti misma y por el destino de tus hijos.

Parte de la pelea debe de ser para mejorar el ambiente en tu hogar durante tu transición. En tu hogar debe de haber un ambiente de seguridad, sentirse "*conectados*", no importa los conflictos que existen en tu matrimonio. La seguridad en la familia significa que tus hijos se sienten seguros en tu hogar, no desconcertados ni confundidos. Sobre todo, necesitan sentirse amados.

A veces no nos damos cuenta que mostramos nuestro enojo y descontento por la situación que estamos pasando e indirectamente, estamos castigando nuestros hijos a través de nuestro comportamiento. Mis hijos tenían 4, 8, y 14 años cuando tomé la decisión de salvarlos de una vida de durísimos privaciones. Yo recuerdo que aunque no era mi intención de tratarlos injustamente, ahora yo realizo que tenía deficiencias en mis emociones y no quería que notaran el dolor y enojo yo estaba experimentado. Tenía que llorar delante del Señor cuando no estaban presentes y pedirle a Dios por Su fortaleza para pasar el día con éxito. Esta clase de reacciones pueden causar inseguridad en sí mismos. Los niños necesitan sentirse seguro, estable y sentirse amado. De esta manera se sentirán parte de la familia y que la familia está completa, aunque falta uno de sus miembros. Yo tenía que enseñar a mis hijos que nuestra familia estaba completa porque Jesús era mi Esposo y Él es el centro de nuestro hogar y familia. Jesús había estado allí todo el tiempo, pero ahora estaba tomando un nuevo papel en nuestras vidas como nunca. Yo tenía que orar por su padre, para que Dios le mostrara su misericordia y le enseñara lo que era el plan de Dios para su vida.

El divorcio es como una muerte viviente porque hay una muerte en la relación de una pareja, aunque ambos continúan de vivir el uno sin el orto. Algunas parejas cooperan por motivo de los niños y porque han decidido perdonar, aunque viven con sus vidas separadas. A veces llegan a entablar amistad después del divorcio. Pero cuando el esposo no colabora, se siente como la pérdida de un querido, aunque la persona vive. Para entender los tipos de matrimonio, necesitas entender los cuatro tipos generales de esposos:

4 Tipos de Esposos

1. **Salvo y cooperador** • Este hombre es un hombre maduro en Dios. • Él reconoce la importancia de hacer la voluntad de Dios.	*Prov. 21:21 "El que sigue la justicia y la misericordia hallará la vida, la justicia y la honra."*
2. **Cooperativo y no salvo** • Él reconoce la importancia de una relación con Dios. • Le falta un compromiso con Dios.	*I Pedro 3:1-2 "Asimismo vosotras, mujeres, estad sujetas a vuestros maridos;para que también los que no creen a las palabra, sean ganados sin palabra por la conducta de sus esposas, considerando vuestra conducta casta y respetuosa."*
3. **Salvo y no colaborador** • Este hombre es un cristiano inmaduro. • Él es celoso e inseguro.	*I Pero. 2:19 "Porque esto merece aprobación, si alguno a causa de la consciencia delante de Dios, sufre molestias padeciendo injustamente."*
4. **No salvo y no colaborador** • Este hombre es engañado por Satanás. • Él es posesivo; manipulador.	*I Pedro 3:14-15 "Mas también si alguna cosa padecéis por causa de la justicia, bienaventurados sois Por tanto, no os amedrentéis por temor de ellos, ni os conturbéis, sino santificad a Dios el Señor en vuestros corazones…"*

El enemigo toma ventaja de las circunstancias y el ataque empieza, pero permaneceremos firmes, sabiendo que tenemos un Abogado. *I Juan 2:1* nos dice:

> *"...abogado tenemos para con el Padre, a Jesucristo el justo."*

El enemigo no se quedará tranquilo. El tratará de atacarte por todo tu ser. La opresión, temor, y terror caminarán rumbo tus pensamientos que el enemigo tira a tu dirección.

Isaías 54:15 dice:

> *"Si alguno conspirare contra ti, lo hará sin mí; el que contra ti conspirare, delante de ti caerá."*

Pero la promesa se encuentra en el verso 17 donde Dios declara...

> *"Ninguna arma forjada contra ti prosperará, y condenarás toda lengua que se levante contra ti en juicio. Esta es la herencia de los siervos de Jehová, y su salvación de mi vendrá, dijo Jehová."*

Tenemos la autoridad de *"condenar su lengua"*. Tú puedes hablar a tu gigante (montaña) como dice en *Marcos 11:23-24:*

> *"Porque de cierto os digo que cualquiera que dijere a este monte; Quítate y échate en el mar, y no dudare en su corazón, sino creyere que será hecho lo que dice, lo que diga lo será hecho. Por lo tanto, os digo que todo lo que pidiereis orando, creed que lo recibiréis, y os vendrá."*

Ataca al enemigo con estas tres escrituras:

1. *Hechos 10:38* – Hable a la opresión

> *"Dios ungió con el Espíritu Santo y con poder a Jesús de Nazaret, y anduvo haciendo bienes y sanando a todos los oprimidos por el diablo, porque Dios estaba con él."*

Durante la noche cuando estás sola, especialmente en las noches cuando los niños no están contigo, habla a tu Gigante de soledad y dile que Dios está presente. No estás sola porque Él que te creó, ha asignado a Sus ángeles a ministrarte aun en las horas más obscuras de la noche.

2. *II Timoteo 1:7* – Hable al temor

> *"Porque no nos ha dado Dios espíritu de cobardía, sino de poder, de amor y de dominio propio."*

Cuando tienes que ir a la corte para otra cita, camina como una reina porque tú eres la hija del Dios Todopoderoso y te estás preparando para el día de tu boda con tu Novio. Aunque en lo físico, tú estás caminando en el salón de la corte, en lo espiritual, recuerdas que tu estás caminando en lugares espirituales. Tú eres parte de la realeza y un día estarás viviendo en la mansión que Dios ha preparado por ti. Habla al temor con valentía y di, *"No temeré porque el amor de Dios es más grande que el temor que el enemigo quiere ponerme. Yo confiaré en Dios, mi Libertador."* Aunque José estaba en la cárcel, Dios lo vio como el segundo en el trono después de Faraón. Tienes que verte como una reina, una mujer de excelencia porque esa es tu posición en Dios.

3. *Salmos. 91:5-7* – Hable al terror

> *"No temerás el terror nocturno, ni saeta que vuele de día, ni pestilencia que ande en oscuridad, ni*

***mortandad que en medio del día destruya. Caerán
a tu lado mil, y diez mil a tu diestra; más a ti no
llegará."***

Hable al terror con todo tu corazón y no tengas miedo. Di,
*"Como te atreves diablo a destruir mi vida cuando Dios tiene lo
mejor para mí. No puedes tener mi vida, ni mis hijos. Nuestras
vidas pertenecen a Dios. ¡Vete ahora en el nombre de Jesús!"*
Recuerdas que mayor es Él que está dentro de ti, quien es el
Espíritu Santo de Dios.

Porque has abrazado a tu gigante, entrando a la batalla en
el nombre del Señor, Él te dará la victoria. No te fijes en
las circunstancias y pon tu mirada en Dios y Su Palabra
infalible. El quiere que entres una nueva dimensión de Su
poder libertador. Aunque el tiempo es un factor de sanidad
en la vida, el tiempo solo no sana las heridas del pasado.
El tiempo tiene que estar acompañada por pasos activos
y con propósito, incluyendo el perdón y un alto de repetir
el pasado. Si sigue ensayando a tu memoria del pasado, no
podrás seguir hacia adelante a alcanzar tu destino porque
tiene que haber un fin para iniciar algo nuevo. Para un
individuo que está lastimado es un desafío dar vida, paz,
amor, gozo, perdón y reconciliación cuando no tiene nada
que dar. Por esta razón es tan importante cuidar nuestra
mente y nuestro corazón. Nuestras acciones son el resultado
directo de nuestros pensamientos. Si tenemos una mente
negativa, tendremos una vida negativa. Contrariamente, si
renovamos nuestra mente de acuerdo a la Palabra de Dios,
tendremos la experiencia lo que explica Romanos 12:2; "***la
buena voluntad de Dios, agradable y perfecta***". Por lo
tanto, vamos a usar nuestras armas espirituales de batalla
para ministrar vida a otros.

Mis Armas Espirituales de Guerra en el Espíritu

Cuando empiezas a batallar en tu espíritu, reconoce que hay recursos suficientes para ayudarte. No puedes tomar esta jornada sola. Tienes la Palabra hablada, la aplicación de la Sangre de Cristo, tu lenguaje de oración, tu caminar de obediencia y el Nombre de Jesús. Yo tuve que usar todos estos recursos espirituales en mí batalla y continúo conduciéndome como una guerrera espiritual. Tengo que confesar que no usé mis habilidades completamente por las heridas en mi corazón, pero hice lo que pude con el conocimiento y revelación en esa etapa en mi vida. Esta es la razón por lo cual quiero compartir que es necesario tomar ventaja de todo lo que Dios te está ofreciendo por medio de Su Espíritu. Es parte de tu herencia y hará una diferencia en tu vida.

Cuando en la iglesia que pastoreábamos, empezó a conocerse lo concerniente a los problemas en el matrimonio del pastor, los lideres y miembros estaban confundidos cuando supieron que el problema era serio. No podían creer lo que estaba pasando. Yo imagino la gente haciendo preguntas y pidiendo explicaciones al liderazgo de lo que estaba ocurriendo domingo tras domingo. Muchos se preguntaban, *"¿Cómo puede el hombre de Dios no hablar con su esposa?* Otros comentaban, *"No puedes tocar el ungido." "¿Que está pasando?"* Estas eran algunas de las preguntas y comentarios que las gentes decepcionadas de la iglesia expresaban, tratando de encontrar una respuesta. Para los que han pasado por una experiencia similar, quiero compartir contigo que no estás sin recursos espirituales en la batalla. Hay que recordar:

No estás sola.

Piensa en los héroes en la Palabra de Dios que pasaron por luchas similares. Recuerdas que tenemos al Espíritu Santo que está listo con el poder que mora en tu templo. Solo tenemos que tomar nuestros pasos de acción de fe. Dios dice en *I Corintios 10:13*:

> *"No os ha sobrevenido ninguna tentación que no sea humana; pero fiel es Dios, que no os dejará ser tentados más de lo que podéis resistir, sino que dará también juntamente con la tentación la salida…"*

Hay esperanza.

Un nuevo inicio; una nueva esperanza siempre está disponible. Dios ya sabía que ibas a pasar por esta experiencia con todo tu dolor. Pero, Él tenía la solución y la vía de escape planeado para ti. No te permitiré pasar por ninguna experiencia que no puedes aguantar sin Su ayuda divina.

Dios te ayudará por tu etapa de transición.

El Espíritu Santo está listo para llevarte por tu nueva jornada con Él. Buscar a Dios más profundamente. Continúa comprometiéndote a vivir una vida santa, libre del pasado. Mantén tú enfoque en tu futuro. Durante este tiempo, Dios está haciendo surgía espiritual, permitiendo que la unción del Espíritu de revelación aviva la Palabra de Verdad en tu ser, lo cual es necesario para reponer cualquier semilla de corrupción con el dominio de Sus tributos divinos.

Hasta la fecha, el padre de mis hijos evita hablar conmigo. Él me ha puesto toda la culpa sobre mí de todo lo acontecido. Aunque hay negocios pendientes, yo no puedo forzarlo cuando él no está dispuesto a colaborar. De nuevo, entrego todo a Dios. Él se carga de mi vida. He tomado los pasos necesarios para confrontar, soltar y resolver lo mejor que puedo de mi habilidad y con la ayuda del Espíritu Santo, tengo una esperanza nueva para mi futuro. Al mirar hacia mi futuro, necesito ser alerta de la presencia del enemigo y reconocer sus estrategias para desanimarme y perder de vista de lo nuevo que Dios tiene para mí y mis hijos. Necesito mantenerme en oración ferviente, nunca dudando en Dios para suplir mis necesidades. Seguiré dando pasos de obediencia, no importa que se intensifique la presión. Le alabaré y adoraré en todo, tanto buenos como malos, mientras viva. Confiaré en Su Palabra a pesar de mis circunstancias. Él me ha sostenido por las situaciones más difíciles en mi vida y con la misma gracia, misericordia y amor cariñoso, hará lo mismo por ti. No se trata de mí o ti. Se trata de Él y su voluntad perfecta. Él está usando estas circunstancias en la vida para ayudarte crecer y madurar en tu relación con Él para alcanzar tu destino. Él quiere usarte en una manera grande, pero tienes que estar preparada para ser usada como Él quiere usarte. Por nuestros lazos emocionales, es difícil que las mujeres soltemos el pasado. Esta no es la hora de poner nuestra mirada en los fracasos del pasado y heridas antiguos. Cuando sigues viendo para atrás, estás perdiendo tu enfoque en la entrada de tu próxima victoria. Permite que Dios trate con el pasado y deja que Él lo juzga. ¡Lo mejor de Dios está por venir para tu vida. Jesús le está diciendo a la mujeres lo que dijo a la mujer en *Juan 8:10-11* cuando dijo, *"... ¿Mujer, ninguno te condenó? Ni yo te condeno..."* Él está instándonos a que la condenación del pasado sea removido. *"Suéltala. Así puedo empezar a usarte en una manera nueva. Voy a usar a las mujeres de manera que cambiarán el curso de la tierra. Te vestiré con favor para que puedas avanzar en una nueva manera. Es un día nuevo,"* dice el Señor.

Mike Murdock, en su libro, <u>Comentario de Sabiduría 1</u> relata su experiencia en un viaje que hizo a Lagos, Nigeria y un amigo Obispo le compartió lo siguiente que te ayudará...

- *Gratitud provoca el Gozo*

- *El Gozo provoca la Alabanza*

- *La Alabanza provoca Su Divina Presencia*

A veces es necesario pasar por duras experiencias para llegar al punto de entender Su manera de moldear nuestras vidas para alcanzar nuestra asignación aquí en la tierra. Dios no ha terminado contigo ni conmigo. Mientras tenemos vida aquí en la tierra, hay un plan para cumplir y Él nos ayudará a cumplir Su plan y propósito en nuestra vida. *Judas, versos 24-25* dice:

> *"Y a aquel que es poderoso para guardaros sin caída, y presentaros sin mancha delante de su Gloria con gran alegría, al único y sabio Dios, nuestro Salvador, sea Gloria y majestad, imperio y potencia, ahora y por todos los siglos."*

Capítulo 5:
Es Tiempo de Recuperar tu Herencia

*Llegando a Ser la Verdadera *"Yo"* fui Criada a Ser

Todos los que clamamos el nombre de Jesús y lo aceptamos como Salvador personal somos adoptados en la familia de Dios de acuerdo a sus promesas, y como herederos, recibimos el derecho de ser bendecidas con la *"porción"* de nuestra herencia en Cristo Jesús como es prometido en el pacto. Cuando el enemigo se atreve a tocar unos de los hijos de Dios, él usará cualquier estrategia de alejarnos de nuestro Padre Celestial por nuestra herencia en Cristo. Aparte de ser hija del Dios viviente, tenemos un propósito que debemos cumplir en este mundo y es de traer a los perdidos al reino de Dios. Cuando ese llamamiento santo está sobre tu vida y especialmente cuando eres obediente a Su llamado, los conflictos y ataques del enemigo vienen. Pero, a pesar del ataque del enemigo, seguimos siendo herederos y tenemos el derecho a nuestra herencia.

Tú eres destinado para recuperar tus bendiciones de acuerdo a *Deuteronomio 7:11-13*:

"Guarda, por tanto, los mandamientos, estatutos y decretos que yo te mando hoy que cumplas. Y por haber oído estos decretos, y haberlos guardado y puesto por obra, Jehová tu Dios guardará contigo el pacto y la misericordia que juró a tus padres. Y te amará, te bendecirá, y te multiplicará..."

En el otro lado del divorcio (tu montaña) existe tu herencia de paz, gozo y bendiciones inimaginables. La Palabra de Dios nos dice que tenemos una doble porción que nos pertenece.

Zacarías 9:12 declara:

"...hoy también os anuncio que os restauraré el doble."

Cuando el enemigo trata de perseguirte, sus planes son de destrucción. Recuerda que como hija de Dios, tú tienes el derecho a una doble porción. Nuestra porción a veces parece que está perdida, pero no podemos asumir que Dios se ha olvidado de nosotras. Debemos enfocarnos en quien es Dios y reconocer que Él está trabajando a nuestro favor. Él tiene un plan de bendición, restauración y multiplicación en medio de nuestra perdida. Aunque las bendiciones tarden en llegar, estas vendrán porque Dios lo ha prometido en Su Palabra. Dios le dijo a Abraham, *"Te bendeciré... y tu herencia será como las estrellas del cielo"*, la cuales Abraham no podía contar. Sus bendiciones de herencia pasaron a las generaciones futuras por la promesa de la semilla. Si no miras el cumplimiento de tu promesa en tu vida, aun así, créelas, confiésalas con tu boca de acuerdo a Su Palabra porque Dios bendecirá tu semilla por medio de tus hijos. *¿Cómo vendrán esas bendiciones?*

Las bendiciones te son multiplicadas cuando tu relación con Dios es un compromiso serio a Su propósito y Su plan. Si recibes revelación de sembrar semilla o dar, suelta tu fe para recibir Sus promesas por la palabra de tu boca. Yo hubiera querido tener esta revelación más profunda para crecer en una manera más grande, antes de pasar todas las circunstancias que me tocó vivir. Recibe la instrucción del Señor y aplica la Verdad a tu situación en esta etapa de tu vida. Tienes el mejor Ayudante, el Espíritu Santo, para llevarte de una dimensión espiritual a otra, de un nivel de crecimiento espiritual a otra, de gloria en gloria. Donde hay un plan, hay un diseño e estrategia para cumplir con ese plan. A veces hay desviaciones, cambios de sentido e intersecciones de ferrocarril donde hay que esperar por un tiempo. Pero en Su tiempo, Dios te dará la habilidad, alumbramiento y poder para cumplir con Su plan.

Mi abuela, Lolita Flores Medina, fue llamada al ministerio a una edad joven mientras vivía en San Antonio, Texas. Aunque ambos abuelos servían como líderes en la iglesia, el enemigo diseño un plan para robar el llamamiento departe de Dios. Mi abuelo se alejo de los caminos del Senor. Mi abuela batalló con su matrimonio y decidió mudarse a Chicago, Illinois cuando mis padres respondieron al llamado para el ministerio. Mis padres plantaron nuevas obras hispanas en el Medio Oeste. Mi abuela llegó hacer líder con la denominación a la cual pertenecían y dirigió el Concilio Misionero Femenil. Ella visitaba a las iglesias y ayudaba organizar los grupos de ministerio de mujeres.

Mi mamá, Delia Medina Mora, también fue llamada al ministerio. Después de hacer una movida a California años después, ella dirigió a Ministerios Femeniles del Distrito del Pacifico, ministrando a miles de mujeres en convenciones, retiros, campamentos de Misioneritas y confraternidades. Mi mamá tuvo el privilegio de ministrar a miles de mujeres por muchos años de servicio, no solamente en los Estados Unidos, pero también en México, Centro y Sur América por los viajes que tomó, como conferencista en convenciones y conferencias. También tuvo su segmento del programa de la radio titulado, "Una Cita con Dios", ministrando por toda Latina América. El enemigo sabia que ella era un vaso escogido, útil para la obra del Señor, impactando miles de vidas en el Reino de Dios. Por lo tanto, quiso destruirla a través de la infidelidad de mi papá. Aunque mi padre plantó iglesias y muchas personas se salvaron a través de su ministerio, él tenia una debilidad que el enemigo estaba listo de exponer. A pesar de estas circunstancias, ella aprendió a depender totalmente en el Señor, confiando en Él para llevarla a su destino.

Las mujeres en mi familia han experimentado enormes dificultades en sus vidas, pero estoy orgullosa de decir que estas mujeres han permanecido fiel en su caminar con Dios y han demostrado el papel de un vaso escogido de fe. Se disciplinaron a ser fuertes, a pesar de los desafíos en la vida y dieron todo honor y gloria al Rey, su Libertador. Estas mujeres fueron valientes en sus intentos de alcanzar su destino y por esa razón, les rindo homenaje por ser fiel a su llamado divino de Dios. Si Dios les dio la oportunidad de alcanzar su destino y tocar las vidas de muchos, Él puede hacer lo mismo contigo. No podemos ignorar nuestra historia, pero podemos reordenar nuestro futuro con la ayuda de Dios.

Dios nos creó a las mujeres antes de ser esposas, madres, o ministros. Nosotros somos Su creación especial, y de acuerdo a las escrituras, somos templo del Espíritu Santo, la niña de sus ojos, Su tesoro especial, Su generación escogida y Su real sacerdocio. Nadie tiene el derecho de maltratar el templo del Espíritu Santo, física, mental, o emocionalmente. La ley provee protección contra la violencia familiar, contra cualquier forma de abuso contra las mujeres y niños. Podemos creer que porque el pastor es un hombre de Dios, no es correcto que las autoridades tomen parte cuando hay algún problema seria. Recordemos que aunque sea pastor o puede ser un líder, primero es un hombre. Estos hombres que tienen disfunciones continuarán de demostrar su comportamiento malvado hasta que se pone un *"hasta aquí"*, aunque sea difícil tomar una decisión, especialmente si se trata de nuestro esposo y padre de nuestros hijos. No importa. ¡Algo se tiene que hacer! De lo contrario, el ciclo de disfunción continuará. No puedes quedarte en esa clase de relación que afectará tu vida y la de tus hijos para toda la vida. Un hombre o mujer que demuestra disfunciones necesita ayuda profesional y necesita ser liberado con la ayuda de Dios. Dios te usará para liberar a tus hijos de malas experiencias y memorias. Dios proveerá abundancia de gracia y amor para ayudarles en su jornada. El futuro de tus hijos está en las manos de Dios, pero te usará como una madre con la naturaleza de Dios para desarrollar el carácter de Dios en las vidas de tus hijos, para que ellos lleguen a ser todo lo que Dios les ha llamado a ser.

Estoy tan agradecida con Dios por enviar a sus ángeles para cuidar a mis hijos y cubrirlos con la protección de Dios durante la transición. Él proveyó un escape por medio del apoyo y amor de su familia en vez de tener que tomar otras maneras de calmar sus ansiedades del presente y el futuro. Estoy tan orgullosa de ellos porque permitieron que Dios tomara control y se sujetaron a Su voluntad.

Mi hijo mayor, Arty, es piloto aviador de American Airlines. El ama a Dios y lleva su carera con excelencia. A través de su trabajo, el Señor está proveyendo la oportunidad de viajar para desarrollar el ministerio del Evangelio al cual fui llamada.

Mi hijo segundo, Andy, estará terminando sus estudios universitarios de Tecnología y tomará su especialización en Sistemas de Informática en Computadoras. El es un hombre muy inteligente con un amplio futuro delante de él. El es sensitivo a las cosas de Dios y sé que cumplirá su destino en Dios.

Mi tercer hijo, Aarón, pronto estará asistiendo la universidad con sus estudios en ingeniería. Él tiene una pasión por Dios y un corazón que desea agradar a Dios. Mis oraciones siempre han sido que mis hijos fueran apóstoles y profetas en sus careras. Ellos pueden usar su llamamiento de Dios dondequiera que Dios los dirige y cumplirán el plan de Dios para sus vidas. ¡Gloria a Su nombre! ¡Dios es bueno! ¡Dios puede hacer lo mismo para ti!

Cuando las familias experimentan la separación o el divorcio, los niños, especialmente los jóvenes, pueden presentar problemas. Si este es tu caso, busca ayuda profesional y consejería para ti y para ellos. Esto les estimulará y les ayudará a recuperarse más rápidamente. Hay agencias que ofrecen servicios y apoyo gratis para ayudarte en tu situación. Busca libros que tratan esos problemas, ayudándote por la transición y encontrando soluciones. Te ayudarán durante el proceso ya que uno necesita todo el apoyo posible. Empieza a recuperar tu gozo y tu paz. Ama a tus hijos más que nunca. Ellos necesitan tu amor porque tu amor les ayudará durante la transición. ¡Aunque tú sientes enojo, no lo muestres con ellos! Ellos no tienen la culpa por tus sentimientos. Ni permitas que te culpen por la situación que están pasando. Deles una respuesta justa con sabiduría y entendimiento. Así podrás tomar tu camino en busca de tu destino, con amor y unidad. Busca una buena iglesia donde encuentres amor y apoyo para tu familia. Recuerda compartir con tus hijos que tu familia está completa con Jesús como el centro de su casa.

En mi caso, el problema entre mi esposo y yo fue su carácter de control y orgullo. El creció en circunstancias muy adversas en Sonora, México cuando su mamá fue abandonada por su papá. El tuvo que dejar sus estudios y trabajar para ayudar a crear a sus hermanos, de manera que él llegó a ser el "*salvador*" del hogar. Esta actitud continuó en su vida a través de los años y desafortunadamente entró a mi vida al casarme con él. Cuando él no estaba de acuerdo con mis palabras, decisiones o acciones, aunque parecía razonable en mi opinión, su carácter de control impactaba negativamente nuestra relación de manera que el abuso emocional y mental era común. *¿Pero, qué haces cuando eres una esposa de pastor y este dilema continúa año tras año?* Su respuesta siempre era su "*tratamiento de silencio*", que era una experiencia devastador. Yo creo que Dios le estaba dando oportunidades todos esos dieciséis años para madurar en esa área de su vida, pero nunca las tomó y nosotros como familia sufrimos mucho.

Recuerdo que yo expresé mi frustración con mis hijos porque no podía desahogarme con su padre. Comentaba, "*Tu papá tiene un carácter feo*". Aunque era verdad por el daño que nos había hecho, no era apropiado y estaba dañando a mis hijos. Si esto está pasando contigo, aunque tienes derecho de expresar tus sentimientos por lo que has sufrido, te sugiero no hacer ningún comentario negativo porque ellos lo recordarán. En lugar de ayudarles, agregas una carga en sus pensamientos y emociones que les afectarán el resto de su vida. Cuando una persona comparte con sus hijos un descontento, enojo, ira u otro sentimiento negativo, es una forma de abuso emocional. Recuerda, sus vidas son muy importantes para que estés compartiendo comentarios que no van a edificar sus vidas y su caminar con Dios. Nuestro trabajo es amarlos, apoyarlos y animarles a llegar a ser todo lo que pueden llegar a ser en Dios.

Recuerdo que los miembros de la iglesia donde estábamos pastoreando notaron comportamientos inapropiados del pastor. Yo era la pianista e interpretaba sus sermones porque la iglesia era bilingüe. El primer domingo del mes de Julio del año 1997, después de tocar el piano, como de costumbre, pasé a mi asiento detrás del pulpito, esperando el momento para interpretar el mensaje. Sin haberme anticipado nada, él le dijo a la congregación que yo no interpretaría ese día. Anteriormente había ocasiones cuando me invitaban a predicar en conferencias, retiros o confraternidades el día sábado y terminaba muy cansada después de haber ministrado y le preguntaba si podía descansar y no interpretar el próximo día domingo. Pero esta vez, como ya tenía unos días que no me dirigía la palabra, yo decidí no permitir que me hiciera menos. Dios me rebeló que no era necesario continuar en la misma situación cuando no era mi culpa. Yo sentí en mi espíritu la voz pequeña compartir que yo había tenido mucha paciencia en esta etapa de mi vida, esperando un cambio en su carácter, pero él no había tomado aventaja de todas las oportunidades que Dios le había dado y su tiempo se había vencido. Yo sabía que al tomar esta actitud, me exponía a correr un riesgo y seguramente pagaría las consecuencias. Yo había empezado a confrontar su abuso emocional y mental después de tantos años de sufrimiento innecesario. Así que, en vez de permitir que Dios cambiara las circunstancias, él decidió tomar venganza. Ese domingo en la mañana, en frente de toda la congregación, el mintió. Me quedé en "shock" al escuchar su respuesta a la iglesia. De repente, oí la voz pequeña del Señor decir, *"No te está rechazando a ti. Me está rechazando a Mí."* Su actitud de separación detrás del pulpito continúo domingo tras domingo. Él ya no me estaba permitiendo interpretar a su lado. Muchos de los jóvenes y parejas jóvenes se dieron cuenta que algo estaba pasando y se me acercaron para preguntarme porque yo ya no estaba interpretando. Mi única respuesta era, *"Pregúntale al Pastor."* No quería que la congregación se diera cuenta que habían problemas matrimoniales porque éramos los pastores, pero él empezó a alejarse de mi aun en público y la congregación lo notó. Él, imprevistamente no me permitió mas tocar el piano y trajo a alguien más para que tocara.

Unos de los diáconos trató de hablar con él sobre la reconciliación de nuestro matrimonio, pero él no aceptó su consejo. El orgullo es dañino en la vida de cualquier persona y solo conduce a la destrucción. Por mi parte, yo empecé a tomar un nuevo lugar dentro de la congregación y en tres meses, mi lugar era la última banca. Después de un tiempo, la mesa directiva de la iglesia pidió que despidieran al pastor.

Estas experiencias crueles hacia mí, son parte de mi pasado, pero no permitiré que sean parte de mi futuro. Yo hice una decisión y tengo que recordarme a mi misma la razón por lo cual hice mi decisión cada vez el enemigo quiere venir con sus dardos de desanimo. No te va a ayudar a adelantar si siempre estás viendo en el retrovisor. Empieza a caminar hacia su destino, declarando lo que Dios ha dicho, hablando Su Palabra. Porque Su Palabra es vida, esas palabras que hablas, empiezan a cobrar vida de acuerdo a Su voluntad preciosa y abundancia de paz para tu vida.

Recupera Tu "Porción"

¿Cómo puedo recuperar mis bendiciones con una doble porción? David es un buen ejemplo de la manera como recuperó todo, porque él estaba determinado a recibir las bendiciones de su destino.

El enemigo había atacado su pueblo, tomando cautivos a las esposas e hijos. En su desesperación, él escogió buscar a su Dios.

En *I Samuel 30:8* leemos:

> **"Y David consultó a Jehová, diciendo: ¿Perseguiré a estos merodeadores? ¿Los podré alcanzar? Y él le dijo: Síguelos porque ciertamente los alcanzarás y de cierto librarás a los cautivos."**

"Perseguir" significa seguir para tomar cautivo. Hay varias maneras de perseguir para recuperar la cosas que hemos perdido o cosas que nos han sido robadas. El proceso de la santa y divina búsqueda me recuerda de los cuatro R's (*Recuperar, Restaurar, Reponer y Regocijar*).

1. *Recuperar*

"Recuperar" significa que uno recibe algo que le robaron. Yo creo que las palabras la recuperación se logra con un hablar y caminar victorioso. Para esto, es necesario ser una *"adoradora"* y una *"guerrera"* espiritual. Las palabras de una *"adoradora y guerrera"* victoriosa consisten de palabras de fe que dicen, *"El Señor es mi fortaleza. Yo voy en el nombre del Señor y en el poder de Su fuerza. El Señor nunca me dejará ni me desamparará".* Este creyente comprometido adorará y peleará en el espíritu diariamente hasta recibir su herencia. Aunque tardara, se llevará a cabo porque las palabras de adoración y fe están listas de ser

expresadas de nuestra boca al ambiente, esperando un cambio en nuestras circunstancias.

2. *Restaurar*

"*Restaurar*" significa regresar al estado o posición anterior. El hablar de un creyente expresa valentía que viene de una "*adoradora y guerrera*" que dice, "*Lo que es mío se me regresa y doy gracias a Dios de antemano. Mi salud es restaurada. Mi paz es restaurada. Mis finanzas son restauradas. Mi gozo está restaurado. Mi familia es restaurada en el nombre de Jesús.*" Un creyente con un caminar victorioso es uno que camina en misericordia, amor y perdón. La palabra "*olvidar*" involucra un esfuerzo voluntario de no enfocarse en algo o alguien. Cuando perdonamos y olvidamos, le entregamos la situación total a Dios y no lo traemos de nuevo a nuestra mente y corazón. Aunque es una sanidad progresiva, Dios tiene poder de hacer una sanidad completa.

3. *Reponer*

"*Reponer*" significa volver a llenar o completar de nuevo. Las palabras de un creyente con un hablar victorioso es el hablar de una "*adoradora y guerrera*" que dice, "*Él que empezó la buena obra en mi la terminará*". El creyente que demuestra un caminar victorioso será de una "*adoradora y guerrera*" dedicada que dice, "*Yo te serviré con todo mi corazón. Viviré un caminar comprometido y fiel hasta que Dios me reponga mi herencia.*" Este creyente servirá a Dios a pesar de las circunstancias y se enfocará en el Señor hasta que Dios cumple con Sus promesas.

4. *Regocijar*

"*Regocijar*" significa estar contento y alegre. El hablar victorioso de uno que se regocija es el hablar de una *"adoradora y guerrera"* que dice, *"Me regocijará en el Señor, y de nuevo, me regocijaré."* El caminar de un creyente que está demostrando un estilo de vida victorioso es la *"adoradora y guerrera"* que dice *"Mayor es Él que está dentro de mí."* Es hora de levantarte y perseguir tus bendiciones de destino. Cuando los obstáculos aparezcan en tu camino, toma los pasos necesarios de removerlos y continúa de hacia adelante en el nombre del Señor y en el poder de Su Espíritu.

Obstáculos que pueden prolongar el proceso de recuperar tus bendiciones

La desobediencia retrasa las bendiciones. Por lo tanto, la aventaja es tuya si obedeces Sus mandamientos y serás bendecida.

1. No corras en *"Reverso"*.

"Reverso" significa al revés o ir de manera contraria de lo que es tu intensión. Las palabras de derrota dicen, *"Ya no están. Nunca los recuperaré."* Las palabras son muy poderosas y cuando hablamos derrota, recibimos derrota. Se requiere la disciplina para hablar la Palabra de Dios y recibir los resultados de acuerdo a lo que decimos.

2. No corras con *"Rebeldía"*.

"Rebeldía" significa ir contra la autoridad. Palabras de rebeldía dicen, *"No vayas con el pastor. ¿Qué sabe él?"* La Biblia dice que la rebeldía es como hechicería y si uno permite que reine la rebeldía, tomará mucho más tiempo para recibir la libertad para llegar a ser todo que Dios quiere que seamos en Él.

3. No corras con el *"Rechazo"*.

"Rechazo" significa a rehusar a estar de acuerdo con alguien más. La gente rechaza a otros porque ellos creen que están bien de acuerdo a su percepción, pero, la verdad es que usualmente están mal. Las palabras de rechazo dicen, *"Yo creo que mi plan es mejor. Ese plan no trabajará, porque no es el correcto."* Uno debe continuamente evaluar su corazón y ver si verdaderamente el Señor está sentado en el trono de tu corazón.

4. No corras con *"Represalia"*.

"Represalia" significa tomar venganza o de causar daño en retorno. Las palabras de represalia dicen, *"Espera que voy hacer lo mismo a ellos."* Satanás le encanta cuando uno está satisfecho con menos de la vida abundante que Dios ha prometido. Dios nos dice que debemos de bendecir a nuestros enemigos y orar por ellos.

Recuperando tu Herencia con Nuevas Oportunidades

Dios no te dejará sola en el camino de tus sueños al destino. Él bien sabe que el enemigo tratará de destruirte en cualquier manera que pueda, pero recuerda que tú eres tan preciosa ante Sus ojos. Él entiende todo lo que has sufrido; cada pensamiento y cada dolor de corazón. Él ha visto tus lágrimas y ha escuchado tus llantos. Cuando empiezas a caminar hacia tu nuevo destino, una nueva persona, la verdadera *"yo"* empezará a desarrollarse dentro de ti. Aunque el enemigo se entremetió con una etapa de su vida, Dios es capaz de *"redimir los tiempos"*. Tus nuevos pensamientos desarrollarán una vida de victoria. Empezarás a decir, *"¿Donde está el próximo gigante?"* ¡Yo pude hacerlo con la ayuda de Dios y ahora voy a ministrar a otros que están confrontando a su* *gigante*! La victoria está delante de ti, porque Su Espíritu te lleva hacia tu destino.

Durante los años entre el 1997 y el presente, tuve que esperar en el Señor para ver nuevas puertas de oportunidad concerniente el ministerio. Yo continuo de trabajar en el área de educación como Coordinadora del programa Aprendiz de Inglés del distrito escolar donde estoy empleada, pero he tenido que esperar hasta que Dios me diera un comienzo fresco en el ministerio. El Señor ve tu fidelidad cuando tomas parte en Su servicio que puede iniciarse en la iglesia y con el tiempo, Dios nos promueve, dándonos responsabilidades más grandes según se van desarrollando tus dones. Yo había experimentado muchos años de servicio en la iglesia a través de mi juventud y años universitarios. Antes de ser esposa de Pastor, yo había servido como maestra misionera en Bangladesh y en Guatemala. Cuando llegué a ser esposa de Pastor, tuve el privilegio de enseñar y predicar en campamentos, retiros, conferencias y convenciones. Pensé que teníamos un buen futuro en el ministerio porque Dios estaba bendiciendo y estaba creciendo la iglesia. Pero toma un líder, dedicado a la vida de la consagración y oración para seguir el camino de Dios y no de uno mismo.

Después de la entrevista investigativa por la denominación, tuvimos, como familia pastoral, que dejar la iglesia y todos los privilegios de posición que teníamos. Esta era una experiencia devastador no solo para mí, sino también para mis hijos, aunque no fuimos los causantes del problema. En los años siguientes, mis hijos y yo asistimos a una iglesia donde podíamos recibir Palabra de sanidad para nuestras almas. Durante ese tiempo, yo continúe ministrando al lado de mi mamá quien es un ministro ordenado. Íbamos como un equipo de madre e hija a ministrar en las iglesias locales. Ella me dio oportunidades para compartir la Palabra en conferencias y retiros de damas. Aunque estaba en el proceso de sanidad, todavía tenía mucho dolor emocional. Dios me fortalecía, ministrando a mujeres con problemas de rechazo y opresión en sus matrimonios. El tiempo ha sido un factor sanador, pero yo reconozco que mi hablar y caminar victorioso es lo que me dio el impulso de continuar hacia adelante en búsqueda de mi futuro, lleno de bendiciones sin medida.

Aquí están algunas escrituras maravillosas sobre tu herencia:

Deuteronomio 30:16 dice:

> *"Porque yo te mando hoy que ames a Jehová tu Dios, que andes en sus camino, y guardes sus mandamientos, sus estatutos y sus decretos, para que vivas y seas multiplicado, y Jehová tu Dios te bendiga...*

Deuteronomio 30:2-3 declara:

> *"... obedecieres a su voz conforme a todo lo que yo te mando hoy, tú y tus hijos, con todo tu corazón y con toda tu alma, entonces Jehová hará volver a tus cautivos..."*

Salmos 115:14 dice:

> *"Aumentará Jehová bendición sobre vosotros; sobre vosotros y sobre vuestros hijos."*

"Multiplicación" significa abundancia, plenitud y aumento. Tu herencia puede llegar por medio de tus hijos, la próxima generación. Aunque ahora tus circunstancias en lo natural son diferentes a lo que dice la Palabra de Dios, no te desanimes. Sigue declarando la Palabra todos los días y tendrá que manifestarse la poderosa Palabra de Dios y recuperarás tu

herencia. En mi caso, las circunstancias en lo natural se veían muy oscuras. No podía creer como el padre de mis hijos solamente pagó el mínimo de asistencia financiera que ordenó la corte. Yo tuve que sostenlos casi sola y proveer el apoyo financiero para pagar sus estudios de universidad y la escuela de entrenamiento para pilotos. ¡Pero Dios ha sido nuestro Proveedor para cada necesidad! ¡A Dios sea el honor y la gloria! Para quienes no están recibiendo los recursos financieros suficientes para suplir sus necesidades por la irresponsabilidad de su esposo, de acuerdo al plan de Dios, tengo esta escritura.

I Timoteo 5:8:

> *"Porque si alguno no provee para los suyos, y mayormente para los de su casa, ha negado la fe, y es peor que un incrédulo."*

Por lo tanto, lee y lee de nuevo cada vez que puedas, estas escrituras hasta que penetren en tu espíritu con abundancia de fe. Lo que está en el corazón será expresado en tu hablar. Por lo tanto, habla palabras de fe, porque la fe mueve la mano de Dios para ponerte en la posición para traerte favor.

Una Mujer de Fe Hereda su Porción

En *II Reyes 4:8-23*, encontramos un testimonio maravilloso de una mujer de fe que persiguió su porción, no importando las circunstancias. Esta mujer es conocida como la mujer Sunamita. La Biblia dice que ella era estéril y sembró semilla en la vida del profeta Eliseo, hospedándolo en su casa. Cuando el profeta supo que ella no tenía hijos, le profetizó que iba a concebir un hijo el próximo año. Así fue y ella dio a luz un hijo. Varios años pasaron y un día su hijo se enfermó y murió. La mujer Sunamita cargó a su hijo muerto y lo acostó en la cama del profeta. Ella buscó el profeta para venir a su casa y orar por su hijo, restaurando a ella su "porción" o herencia. Si lee con cuidado la escritura, ella nunca dijo que su hijo había muerto, poniendo su esperanza en las promesas del Pacto. Anticipando una respuesta de "*vida*" para sus circunstancias, el esplendor de Dios se manifestó en ella, permitiendo que su herencia fuera restaurada y su porción de destino restituido. Tenemos que ser cuidadosos al escoger nuestras palabras, asegurando que son palabras de vida a nuestras circunstancias. Las palabras determinan que sueños viven o mueren. Anticipa Su poder de resurrección en ti, declarando vida en tus circunstancias, llamando la vida a tu destino y anticipando que el esplendor de Su majestad sea manifestada con Su Gloria y Su presencia. Nadie más que tú puede llamar la vida a tus circunstancias. Otros pueden orar y hacer declaraciones de fe sobre tu vida, pero tú tienes que creer, estar de acuerdo y darles vida, o nada acontecerá. Por lo menos, tardarán en llegar, porque se trata de tu fe en Él, quien tiene poder de hacer los milagros.

- *Fe es ver lo invisible.*

- *Fe es creer lo increíble.*

- *Fe es hacer lo imposible.*

Hay cuatro instrucciones específicos por tomar la Palabra de Dios por tus necesidades.

Prov. 4:20-22 dice:

> *"Hijo (hija) mío, está atento a mis palabras; Inclina tu oído a mis razones. No se aparten de tus ojos; Guárdalas en medio de tu corazón; Porque son vida a los que las hallan, y medicina a todo su cuerpo."*

1. Atiende mis palabras.

2. Inclina tu oído a mis razones.

3. No se aparten de tus ojos.

4. Guárdalas en medio de tu corazón.

"Atender de mis palabras "significa que Dios desea toda nuestra atención porque si Él nos va a hablar concerniente nuestro destino, necesitamos escucharle a Él con respeto y nuestra atención completa. La manera como nos acercamos a la Palabra de Dios es tan importante como escuchar a la Palabra de Dios.

"Incline tu oído a mis razones" significa que necesitamos inclinarnos y poner atención a lo que estamos oyendo.

Marcos 4:24 dice, *"...Mirad lo que oís..."*

Lucas 8:18 dice, *"Mirad, pues, como oís..."*

Lo que escuchamos es muy importante. Necesitamos aprender a escuchar con los dos oídos, no solamente con uno porque causará confusión. Como oímos es la llave de recibir fe.

Romanos 10:17 nos dice:

"Así que la fe es por el oír, y el oír, por la palabra de Dios."

El oír la Palabra de Dios desarrolla fe. Escuchar es oír atentamente. Muchos leen la Biblia, pero nunca desarrollan la habilidad de *"escuchar"* la voz de Dios porque sus mentes están ocupadas con otras cosas. Dios trabaja en nosotros al nivel que nosotros lo recibimos. Si no lo recibimos, no trabaja como nos gustaría.

"No se aparten de tus ojos" quiere decir que necesitamos aprender de enfocarnos en la Palabra de Dios. Si no nos enfocamos en Sus dichos, tendremos visión borrosa de las cosas espirituales. No podemos mirar en diferentes direcciones con nuestros ojos.

"Guárdalas en medio de tu corazón" significa guardar tu corazón con toda tu fuerza porque todas las cosas en la vida vienen del corazón como está escrito en *Prov. 4:23*:

> *"Sobre toda cosa guardada, guarda tu corazón; porque de él mana la vida."*

Lo que tienes guardado en tu corazón determinará todo lo que experimentas en tu vida. Por lo tanto, Dios está diciendo que si Sus Palabras y Sus dichos están guardados en tu corazón y los pones en práctica, estos se cumplirán como Él ha prometido. Estos necesitan estar en lo más profundo de tu corazón. Guárdalos en el lugar central de tu vida entera.

Tu Manto de Favor

Tu manto representa el favor de Dios que está sobre ti por medio de tus bendiciones del pacto. *"Favor"* significa bondad graciosa, una dádiva de amor, apoyo sin fin, oportunidades de éxito, promociones, y avances por el favor de Dios por ti. Tu manto es tu asignación de Dios con la autoridad correspondiente para cumplirla. Identifique tu manto y póntelo. Si no tienes la autoridad y favor, no recibirás lo que Dios ha destinado para ti. *"¿Yo no sé qué clase de manto tengo?* preguntarás. Bueno, hay diferentes clases de mantos de acuerdo con tu propósito.. Hay mantos de favor y autoridad como hijas del Dios Todopoderoso. Estos mantos representan el llamado en tu vida y es por eso hay conflicto, porque Satanás no quiere que reconozcas tu llamamiento. También hay mantos de oficios de ministerio que representan los llamamientos de los cinco ministerios de acuerdo a *Efesios 4:12-16*. Estos ministerios de tiempo completo en la Iglesia benefician el Cuerpo de Cristo para equipar, madurar y unir en la fe. Cuando miramos a los diferentes personajes de la Biblia, podemos ver los mantos que usaron. Los sacerdotes usaron los trajes asignados por mandado de acuerdo a la Ley Levítica. Los reyes y reinas se vestían de acuerdo a su posición así como lo soldados. Si tú eres una madre, tú tienes un manto de madre y tienes que usarlo con la autoridad y favor de Dios en la vida de tus hijos en la educación, entrenamiento de carácter y oportunidades necesarias, preparándolos para su destino del futuro. Algunos mantos se usan todo el tiempo, mientras otros se usan solamente cuando asumimos la posición del manto.[1] Cuando camino en mi asignación de Dios, me pongo el manto asociado con mi asignación. ¡Mujeres de Dios, este no es el día que los mantos pueden estar quedados en los closets, cuevas o con una identidad que Dios nunca intentó! Este es el día en que debes levantarte, ponerte tu manto de acuerdo a tu llamamiento y desarrollarlo con autoridad. ¡Tú tienes el favor de Dios para llegar a ser todo lo que fuiste destinado a ser!

Cree que Dios hará camino. Medita en tu porción, que es el favor de Dios para tu vida. No permitas que el favor ni el destino sean quitados de ti. No traigas a tu memoria tus sentimientos de traición, acusación, abandono, rechazo o culpabilidad. No pierdes tu tiempo y energía en esas cosas que no cambiarán en nada tu presente. Mejor ocupa tú tiempo pensando y meditando en el plan glorioso y propósito que Dios tiene para ti. Tu manto es la asignación divina de Dios con la autoridad correspondiente para cumplirla. **_Isaías 61:10_** declara **_"…me cubrió con el manto de justicia"_**. Tienes que identificar tu manto y ponértelo. Pertenece a ti. ¡Úsalo! Si no lo puedes ver, no lo vas a usar. Si no lo usas, no cumplirás tu destino. El manto con su unción correspondiente solamente se usa en el espíritu, alma y cuerpo para lo cual fue creado. Yo te aseguro que si tú has sido lavada con la sangre del Cordero, te queda. Está hecho para ti, a tu medida. Es para ti, por lo tanto, úsalo con gozo.

En mi familia he visto un manto de ministerio lleno de bendiciones espirituales que han pasado de una generación a otra a través de las mujeres. Mi abuelita, Lolita Flores Medina, era una grande mujer de Dios, comprometida con el Señor, ministrando dondequiera que el Señor la llevó por los Estados Unidos y México, predicando de un Salvador que ama.

Mi madre, Delia Medina Mora, ha sido grandemente usada por Dios para alcanzar a las mujeres en la mayoría de los países de América Latina, predicando en convenciones de mujeres como Presidente de Ministerio Femeniles del Distrito Latino Americano del Pacífico. La hermana de mi mamá, mi tía Margarita Alarcón, igualmente ha sido usada maravillosamente por Dios como Presidente de Ministerios Femeniles del Distrito Hispano del Medio Oeste, ministrando en los Estados Unidos, México y Centroamérica. He visto la evidencia que el manto de bendición ministerial ha pasado de generación a generación. Esta bendición generacional no ha venido fácilmente. Hay requisitos que cumplir para recibir y mantener el manto: un voto de entrega total y dar tu vida a Su servicio sin reservas. Aunque han pasado generaciones, cada una de nosotras ha pasado obstáculos. Ha venido temor, injusticias, ansiedad, crítica y tragedias. Pero con cada privilegio divino, viene una responsabilidad divina. Con cada honor, viene una disciplina. Con cada reconocimiento, hay un sacrificio que debe hacerse. Con un caminar de entrego y obediencia viene la unción de usar tu manto con autoridad para cumplir tu destino. Es tiempo de tomar los pasos necesarios de recuperar tu herencia, permitiendo que Cristo sea tu Esposo. Recibe Su naturaleza, acercándote a Él, compartiendo Su amor con tus hijos y con otros. Así empezarás a ver el favor de Dios manifestarse y las conexiones divinas empezarán a aparecer ante tus ojos. Reconócelo con todo tu corazón y en todo y Él enderezará tus caminos (Prov. 3:6). ¡Sigue adelante a alcanzar todo que Dios tiene para ti porque lo mejor de Dios está por venir!

1 Barbara Yoder, <u>Mantled with Authority</u>, (Colorado Springs, CO, Wagner Publications, 2003)

Capítulo 6:

Tu "De Repente" te Espera

Mujer de Excelencia

"De Repente" es un momento cuando hay un cambio sorprendente. Es el momento cuando Dios opera y un milagro es manifestado. Ese milagro puede ser en una revelación, una puerta abierta, una conexión divina o una respuesta a la oración. En ese momento es necesaria la sabiduría de Dios para tomar la decisión correcta para caminar por esa puerta abierta de oportunidad.

Tu *"de repente"* te está esperando. Los vientos están esperando para soplar a tu favor. Solo están esperando que tus palabras les den vida. El viento soplará con una doble porción para ti. Créelo en tu corazón y espíritu. Dios tiene un depósito celestial para ti y tu generación.

II Timoteo 1:14 nos dice:

> *"Guarda el buen deposito por el Espíritu Santo que mora en nosotros."*

Cuando Cristo te salvó, El depositó salvación en tu espíritu. Tu cuerpo es el templo del Espíritu Santo. Necesitamos cuidar y preservar nuestro buen depósito. Si tu corazón es sincero, y has dejado o estás en el proceso de soltar el pasado, tienes que escuchar lo que Dios te dice a tu corazón a través de Su Espíritu Santo. Esa vocecita pequeña dentro de ti es el Espíritu Santo, dándote sabiduría y orientación para hacer decisiones correctas. A veces la dirección que el Espíritu Santo da no parece lógica, ni aceptable a la sociedad religiosa. Sin embargo, esa voz de paz y consuelo te anima seguir en una dirección particular.

No estoy diciendo que no debes a buscar consejería. Dios puede hablarte a través de tu familia, amistades, el consejero o tu pastor. Pero necesitas discernimiento espiritual para reconocer la voz de Dios y Su dirección para conocer el camino que debes seguir. Después de recibir consejo, tu prioridad es de escuchar directamente la voz del Señor para la decisión final. Él te guiará en el camino que debes de tomar.

Llega a Ser Todo lo que Puedes Llegar a Ser

Todas las experiencias que hemos vivido son parte de nuestra formación. El secreto de ser transformada de una víctima vulnerable, con heridas y cicatrices a una linda persona victoriosa se encuentra en la habilidad de confiar en Dios en el presente para tu futuro. En medio de toda tu confusión, no hay otra salida que confiar en Dios para guiarte en tu nueva jornada que cambiará tu vida, abriendo nuevas puertas de oportunidad a tu favor. El viaje de la transición será más fácil si tienes a Cristo como tu nuevo Esposo. El no te mentirá, menospreciará, abusará, o traicionará. Él es el Esposo máximo porque Él te ama así como eres y complementará tu vida como ningún otro. Pasando algún tiempo, Él te revelará la razón por lo cual tuviste que pasar por esa experiencia para llegar a ser lo que llegaste a ser. Mientras, continúa estudiando Su Palabra para conocer las leyes del pacto. El nivel más alto de agradarle a Él es tu caminar de obediencia. La obediencia te da el derecho de soltar tu fe para obtener las promesas que Dios ha declarado en Su Palabra.

Cuando te ves en el espejo, haz estas declaraciones:

- *Yo he sido apartada para el propósito de Dios.*
- *Yo soy Su generación escogida; Su real sacerdocio.*
- *Y soy la Novia de Cristo.*

Tú estás ungida con la habilidad y capacidad para cumplir con tu destino, servir en tu hogar y en la iglesia, en el trabajo, y dondequiera que Dios te lleve. Barbara Yoder, en su libro, <u>Manto de Autoridad</u>, comparte que Dios nos ha dado un mandato. Es una asignación específica dada por Dios quien nos ha apartado y enviado para cumplir con esa asignación. Él nos ungirá con aceite fresco para poder cumplir ese mandato con gran gozo. Dios está quitando los velos que han tenido ocultos los llamamientos, destinos, habilidades especiales y dones espirituales. Este es el día para remover el velo y soltar la unción. Este día Dios hace germinar la semilla de destino que se encuentra en cada persona. Esto traerá una medida más grande de la unción en el hogar, el trabajo, el gobierno, las escuelas, las iglesias y los negocios donde Dios nos ha asignado. Para que esto acontezca, tendrás que comprometerte al mandato de Dios.

Comprométete con lo siguiente:

1. <u>Comprometido al conocimiento de Su Palabra</u>

II Pedro. 1:3-4 dice,

"Todas las cosas que pertenecen a la vida y a la piedad nos han sido dadas por su divino poder, mediante el conocimiento de aquel que nos llamó por su Gloria y excelencia, por medio de las cuales nos ha dado preciosas y grandísimas promesas, para que por ellas llegaseis a ser participantes de la naturaleza divina..."

Dios desea que tengas conocimiento del reino espiritual y del reino natural. Dios tiene tanto que darte, pero no puedes recibir las cosas mayores que Él ofrece, a menos que tengas el conocimiento de lo que Él ha provisto para ti.

2. Comprometido a cumplir Sus Planes

Prov. 16:9 dice,

"El corazón del hombre (la mujer) piensa su camino; mas Jehová endereza sus pasos."

Permite que Dios sea el guía de tu futuro. Él desarrollará el significado de tu vida. Te dará seguridad y te traerá el éxito. Tus pasos son ordenados por el Señor.

3. Comprometido a la Sabiduría

Prov. 2:7-8 declara,

"El provee de sana sabiduría a los rectos; Es escudo a los que caminan rectamente. Es el que guarda las veredas del juicio, y preserva el camino de sus santos."

En el libro de Santiago, el Señor nos anima a pedir sabiduría. Por lo tanto, tenemos la sabiduría a nuestra disposición. Adquiere la sabiduría de Dios para cada etapa en tu vida.

4. Comprometido a la Fe

Santiago 1:25 explica,

"Mas el que mira atentamente en la perfecta ley, la de la libertad, y persevere en ella, no siendo oidor olvidadizo, sino hacedor de la obra, este será bienaventurado en lo que hace."

Visualízate en victoria. Mírate en el lugar donde Dios te llevará por fe. Fe es ver lo que aún no es, creer que tu posición ya existe, y permitir que el Espíritu Santo guíe tus pasos para ganar tu territorio.

Llegarás a ser una mujer de excelencia y cumplirás con tu propósito en el Reino. Irás de un propósito a otro; de una gloria a otra. Cuando mueres a ti misma, permites que se levante la reina. Antes de salir adelante, necesitas saber (reconocer, declarar, percibir, discernir) que has sido *"apartada"* como nos dice el *Salmos 4:3.*

"Sabed pues, que Jehová ha escogido al piadoso para sí…"

Dios te conoció antes de la fundación de la tierra y te santificó antes que nacistе de acuerdo *a Jeremías 1:5*:

"Antes que te formase en el vientre te conocí, y antes que nacieses te santifiqué, te di por profeta a las naciones."

Cuando Jesús estaba en el desierto, salió victorioso porque Él venció a Satanás con Sus justicia. La justicia simplemente significa estar en correcta posición con Dios. Hay varios niveles de poder (posición) de la justicia; así como hay varios niveles de poder del Espíritu. Nadie tiene más Espíritu que otro: pero si tenemos diferencias en poder. *Efesios 3:20* nos dice:

> *"Y a Aquel que es poderoso para hacer todas las cosas mucho mas abundantemente de lo que pedimos o entendemos, según el poder que actúa en nosotros."*

El compromiso no es una opción. El poder de la justicia te traerá la victoria. Serás más que vencedora. Te asegurará tu promesa. Tu misión en la vida es similar de cruzar el mar. Encontrarás el sol sonriente, el cielo azul, aguas calmadas, brizas favorables, así como nubes obscuras, tormentas, fuertes olas y vientos adversos. Recuerda que Jesucristo es la fuente, el curso y la fuerza para alcanzar tu destino. *Salmos 37:23-24* nos dice:

> *"Por Jehová son ordenados los pasos del hombre (la mujer), y él aprueba su camino. Cuando el hombre (la mujer) cayere, no quedará postrado, porque Jehová sostiene su mano.*

Puedes estar en cualquiera de estas posiciones, caminando hacia adelante, caminando hacia atrás o estar parado. Tu caminar depende en tu hablar y tu hablar depende en tu escuchar. Es hora de escuchar porque Dios quiere reponer el tiempo perdido. Dios te está preparando para que tomes tu posición correcta al momento correcto. Dios va delante de ti, enderezando tu camino. Él está preparando tus conexiones que te abrirán puertas inimaginables.

Dios me habló recientemente a través de un pastor que visitó a mi iglesia. Durante la predicación, el ministró a cuatro personas con una palabra profética. Yo fui unas de esas cuatro personas. No me conocía y yo nunca lo había visto antes. En esa palabra, me dijo, *"Has tenido muchas pérdidas, pero tu y tus hijos van a recuperarlas todas"*. Si esa palabra profética es verdad, se llevará a cabo en el tiempo de Dios. Yo solamente sigo confiando en Dios como mi Proveedor.

Como mi Guía, también tengo que confiar en Dios para mis relaciones del futuro. Si estás pensando en desarrollar futuras relaciones, es necesario llevar estas ideas y pensamientos delante de Dios. Recuerdas que las relaciones que vienen departe de Dios, basadas en lo que dice la Biblia, son balanceadas y crecen en sumisión, honor, respeto, dignidad, amor y compromiso mutuo en Cristo. La palabra clave es *"mutuo"* que quiere decir *"recíproco, el uno al otro en la misma medida"*. Si tienes miedo de confiar de nuevo en alguien, es porque te entregaste sin reserva a aquel que te traicionó. Esta es una reacción natural, pero también tienes que tener cuidado con estar en la defensiva, que es la reacción de alguien que ha sido lastimada más de una vez. En este caso, la que sufres eres tú. En **Isaías** encontramos un relato de traición cuando el Señor estaba consolando Su pueblo Israel a través del profeta Isaías. Él los comparó a una esposa que ha sido rechazada por su esposo.

"No temas, pues no serás confundida; y no te avergüences, porque no serás afrentada, sino que te olvidaras de la vergüenza de tu juventud, y de la afrenta de tu viudez no tendrás mas memoria. Porque tu marido es tu Hacedor; Jehová de los ejércitos es su nombre; y tu Redentor, el Santo de Israel; Dios de toda la tierra será llamado. Porque como a mujer abandonada y triste de espíritu te

llamó Jehová, y como a la esposa de la juventud que es repudiada, dijo el Dios tuyo." Isa. 54:4-6

Mujeres solteras de nuevo se preguntan, *"¿Desconfío porque no quiero tomar el riesgo de ser lastimada y traicionada de nuevo?" ¿Será que estas cuestiones aun afectan nuestra vida?* Si esto es tu caso, te animo a que sigas llevando tu vida a Dios diariamente en oración y entrégale a Él tu voluntad. Mientras más entregas, encontrarás que necesitas entregar aun más. Pero Dios sanará tus heridas y después tu sanarás las heridas de otros.

El enemigo ha tratado de atarnos a las circunstancias del pasado para impedirnos alcanzar nuestro potencial como mujeres de Dios. Si tienes dificultad de relacionarte con otros por tus experiencias del pasado, pídele a Dios que te rodee de personas balanceadas emocionalmente. Cuando reflejas tu pasado, da gracias a Dios por haberte cuidado a través de tus luchas. Todos necesitamos aprender a administrar nuestra manera de vivir. Recuerdas, somos responsables solo por nosotros mismos y de nuestras propias cargas, pero somos parcialmente responsables de las cargas de otros. Ya tenemos el conocimiento y no vamos a permitir ser lastimadas de nuevo al tomar la ruta equivocada. Estamos tan cerca de nuestro destino que no podemos equivocarnos. Ya pagamos un precio muy alto por las decisiones de otros. Espera en el Señor para dirigirte a conocer esa persona de acuerdo a Su voluntad. Toma tiempo para evaluar el carácter de la persona. Busca cualidades de sinceridad, generosidad y una pasión por Dios. Recuerda que tienes acceso gratis para buscar la voluntad de Dios en esa área de tu vida. Celebra con gozo quien has llegado a ser por medio de la ayuda y el poder del Espíritu del Dios Altísimo.

Destinada a Soñar

Reconoce tu llamamiento divino. Posiblemente otros no lo reconocen. Eso no importa porque Dios lo diseño y tu lo reconoces.

Eres llamada y comisionada a ser:

1. *Una Guerrera Valiente*
2. *Una Hija Obediente y Amada del Dios Altísimo*
3. *Una Sierva Fiel*
4. *Coheredera con Cristo*
5. *Una Mujer de Oración en Lugares Celestiales*

Eres llamada a recibir tu herencia completa en Cristo:

1. *Llamada a recibir tus dones y talentos para desempeñar tu llamado hoy o futuro*
2. *Llamada a recibir tus bendiciones que serán transmitidas a tus generaciones*
3. *Llamada a usar sabiamente todos los recursos dado por Dios – físicas, emocionales y espirituales*

Escribe tu nombre en la siguiente declaración titulado, *"¡Soy Bendecida!"*

Yo, _____, seré fiel a obedecer todo lo que el Señor mi Dios me dice en Su Palabra. Él me bendecirá mucho más de lo que puedo imaginar y yo lo honraré. Cada una de las siguientes bendiciones vendrá a mí. Seré bendecida en todo lugar. Mis hijos serán bendecidos y ellos serán bendición. Todas mis labores serán prosperadas. ¡No importa dónde voy o donde esté, seré bendecida! El Señor causará que los planes de mis enemigos sean confundidos. El Señor declarará bendición en todos mis asuntos financieros y en todos mis planes. Él me bendecirá en mi hogar, con salud divina y con sabiduría. Él me transformará si obedezco sus instrucciones porque me ha separado para Él. La gente alrededor verá que soy especial y quedarán maravillados. Me dará abundancia de prosperidad: hijos, bienes materiales, producción en mi ocupación y ministerio. Dios asignará a Sus ángeles para enviarme sus bendiciones. El Señor abrirá Su depósito en mi vida para tener todo lo que necesito y llevar a cabo Su plan de acuerdo a Su voluntad para mi vida. El bendecirá el trabajo que yo hago. Tendré dinero para prestar e invertir. Siempre estaré arriba, nunca abajo, si obedezco las instrucciones del Señor mi Dios.

Estas declaraciones se encuentran en **Deuteronomio 28:1-14**.

Recuerda, que has sido apartada por Dios. Nunca pienses que tu propósito es de menos valor porque no estás en el centro de la atención pública. Algunas mujeres han sido llamadas al ministerio con liderazgo público. Otras no, pero todas somos importantes en la posición que Él nos ha ordenado a cumplir Su propósito que es la salvación de las almas.

Salmos 57:2 dice, **"...Al Dios que me favorece."**

Porque te formó, santificó, apartó y favoreció, te animo a entregar tu vida total a Él. No seas confundida ni te conformes con menos. Dios tiene cosas grandes que ni puedes ni imaginar.

Camina en lo que Dios ha preparado para ti

Para los que no están dispuesto a pagar el precio de obediencia, involucramiento y madurez, nunca podrán recibir todo lo que Dios tiene para ellos. Camina con autoridad y la unción recibida de Dios desempeñando tu propósito y ministerio. No permitas que el espíritu de desanimo te diga que eres un fracaso, insuficiente o ineficiente; que nada te detenga de lo que Dios ha ordenado para ti. Al permitir que Dios te enseñe que tú eres la *"niña de Sus ojos"*, tu sombra tocará a la gente de tu derredor de manera sobrenatural. Donde hay visión, hay provisión. Los siguiente tres frases son fáciles de decir, pero difíciles de hacer. Te animo a empezar tu nuevo camino de liberación y libertad haciendo tu decisión hoy:

- *Removiendo el pasado*
- *Poseyendo las promesas*
- *Caminando hacia tu destino*

Aunque la tierra prometida parece lejana y el temor viene por los malos reportes, ten por seguro que el pacto de Dios está vigente. La clave para alcanzar tu destino es tu obediencia. Eventos en sucesión: Conocerlo, Obedecerlo, y ser Bendecido, producen *"vida abundante"*. Cuando oramos y leemos Su Palabra, lo conocemos. Cuando lo conocemos, podemos reconocerlo. Escuchamos Su voz y le obedecemos. Cuando lo obedecemos, heredamos las bendiciones del pacto. No importa dónde has estado, hay una orden, una semilla, un manto y el poder de Dios para darte la victoria para el próximo paso. ¡Prepárate a soñar como nunca!

"...Escribe la visión, y declárala en tablas, para que corra el que leyere en ella." Habacuc 2:2

Ahora es el tiempo, mujer de Dios, para conocer tu verdadero valor. Reconoce todo lo que Dios tiene para ti. Ejercita los dones y el llamamiento que has recibido del Señor y úsalos en esta hora estratégica de la historia. Si, tomará tiempo, pero ten paciencia y disfruta el camino porque la Palabra de Dios dice en *Habacuc 2:3*:

> *"Aunque la visión tardará aún por un tiempo, mas se apresura hacia el fin, y no mentirá; aunque tardare, espéralo, porque sin duda vendrá, no tardará."*

Cuando llega el tiempo del cumplimiento de tu sueño, Dios te dará favor divino con otros así como dio favor a José, Ester, Daniel y otros hombres y mujeres en la Biblia. Ellos eran gente ordinaria con un Dios extraordinario. La diferencia era que se enfocaron en su asignación departe de Dios y confiaron en Él sin importar las circunstancias. La mano de Dios está sobre ti en la misma manera que estuvo sobre ellos. Dios nunca pondrá en ti un sueño imposible de alcanzar. ¡El éxito está en Tu Boca!

Deuteronomio 30:11-14 nos dice:

> *"Porque este mandamiento que yo te ordeno hoy no es demasiado difícil para ti, ni está lejos. No está en el cielo, para que digas: ¿Quien subirá por nosotros al cielo, y nos lo traerá y nos lo hará oír para que lo cumplamos? Ni está al otro lado del mar, para que digas: ¿Quien pasará por nosotros el mar, para que nos lo traiga y nos lo haga oír, a fin de que lo cumplamos? Porque muy cerca de ti está la palabra en tu boca y en tu corazón, para que la cumplas.*

Dios quiere que decretemos Su Palabra para obtener favor y victoria. A nosotros nos toca situarnos en posición estratégica para alcanzar prosperidad. Cuando decidimos que el pasado terminó, y estamos listas para empezar un nuevo día, la luz de Dios hará brillar tu nuevo camino. Por fe, puedes tener éxito en cruzar a una nueva dimensión de éxito.

¡Levántate, porque tu destino te espera! ¡Empieza a soñar de nuevo y atrévete a alcanzar tu destino en Dios!

La mayoría de las preguntas siguientes fueron tomadas del libro, <u>Secretos de Tu Árbol Familiar</u>, por los autores Carder, Henslin, Townsend y Cloud & Brawand. Estas preguntas me han mostrado mi propia familia, mis propias experiencias y comportamientos para ayudarme a tener un mejor entendimiento de mi familia original. Dios creó la institución de la familia y desea que cada familia tenga acceso a las bendiciones del pacto de Dios. La obediencia de solo un miembro de la familia empieza a abrir puertas de oportunidades para esas bendiciones de Dios.

Preguntas de Reflexión

1. El tiempo solo no sana las heridas. ¿Qué cosas has evitado, esperando que con el tiempo cambiarán? Reflexiona en esas cuestiones o eventos en tu familia que no quieres confrontar.

2. ¿Cuales relaciones has estado evitando para dar pasos necesarios para mejorar?

3. ¿Qué clase de relaciones inapropiados existen en la historia de tu familia inmediata (abuelos, padres)? ¿Quién manifestaba una relación inapropiada? ¿Qué impacto ha tenido estas relaciones en ti, tu relación con tu esposo y tu relación con Dios?

4. ¿Frecuentemente, quien recibe la culpa de los problemas familiares (la oveja negra)?

5. ¿Quién es/era el *"problema"* en la familia?

6. ¿Quién es/era enojado, malo o controlador en tu familia?

7. ¿Cuál de tus padres tenía más poder/dominio en tu familia? ¿Cómo usó ese poder? ¿Cómo mantenía ese poder e hizo que se respetara?

8. ¿Hay ocasiones cuando algunos miembros de tu familia *"no se hablan"* por tiempo indefinido?

9. ¿Están tus hijos demostrando relaciones no saludables en sus relaciones de citas/matrimonio?

10. ¿Cómo impactó/impacta a tu familia las opiniones religiosos particulares de tu iglesia? ¿Esas opiniones provocaron hacer algunos cambios? ¿Qué ha sido difícil cambiar en tu familia como resultado de tu convicción religiosa?

11. ¿Cual individuo tiene la influencia en tus relaciones? ¿Por qué? ¿Es correcto que esa persona tenga tanta influencia?

12. ¿Quieres alejarte de amistades y familia cuando te sientes herida o cuando has hecho algo malo?

13. ¿Estás siempre lista a criticar y/o juzgar a otros?

14. ¿Te pones a la defensa rápidamente cuando alguien te hace una pregunta y/o te hace una critica constructiva?

15. ¿Cómo puede el pasado tener tanta influencia sobre el presente y el futuro? Si *"todas las cosas son hechas nuevas en Cristo Jesús"* porque es que *"olvidando el pasado"* no sana la herida con sus consecuencias" ?

16. ¿Cómo puede afectar en el presente heridas y vergüenza del pasado en tu vida y ministerio?

17. ¿Tienes miedo de confiar en alguien porque puedes ser traicionada, atacada o que te hagan sentir culpable de nuevo?

18. ¿Tienes dificultad de respetar los límites de otros y/o escuchar sus necesidades?

19. ¿Puedo comprometerme al perdón?

20. ¿Cuál es mi temor más grande al fijar límites con otros?

21. ¿Cuales serian algunos pasos que podrías tomar ahora para iniciar un nuevo destino?

Escrituras de Destino

*Él es mi Proveedor	*Renovando mi Mente	*Creencia y Fe en mi Dios
Deuteronomio 28:11-13 Filipenses 4:19 II Corintios 9:6-8 Lucas 6:38 III John 2	Isa. 26:3 Romanos 12:2 II Corintios 10:5 Col. 3:2 Romanos 8:6-8	II Corintios 4:8-9 Salmos 138:7 Juan 14:1 Romanos 8:28 Salmos 121:1-2
*Jesús, Mi Compañero	*Guías para Crecimiento	*Él es mi Paz
Juan 15:15-16 Santiago 4:8 Isa. 54:10 Juan 14:18 Salmos 27:10	Mateo 22:36-39 Rom. 12:2 II Tim. 2:15 II Tim. 1:7 Gal. 5:22-23	Isa. 26:3 Filipenses 4:6-7 Isa. 26:12 Salmos 119:165 Isa. 57:2
*Mi Confianza en Él	*Mi Obediencia a Él	*Su Amor Maravilloso por Mi
Prov. 3:5-6 Isa. 26:4 Nahúm 1:7 Deuteronomio 7:9 II Tesalonicenses 3:3	Mateo 21:28-32 Lucas 6:46-49 Isa. 30:21 Filipenses 4:13 Hebreo 5:8	Juan 14:219-10 Jeremías 31:3 Prov. 8:17 I Juan 4:10-12 Juan 15:10
*Él es para Siempre Fiel	*Mis Favores y Bendiciones	*Regocijándome en mi Herencia
I Tesalonicenses 5:24 Rom. 4:20-21 Isa. 46:10-11 II Pedro 3:9 Isa. 59:1	Salmos 84:11 Prov. 8:35 Isa. 61:7 Jeremías 29:11 Salmos 5:12	Salmos 5:11 Isa. 54:13 Hechos 2:39 Joel 2:28 I Pedro 1:4
*Sus Promeses Divinas	*Liberación del mal	*El Vaso Escogido de Dios
Marcos 11:24 Isa. 65:24 Deuteronomio 7:11-13 Juan 15:7 Salmos 91:14-16	Isa. 41:10 Salmos 34:4 Isa. 35:4 Isa. 43:1-3 Salmos 56:13	Isa. 44:21 Salmos 4:3 Éxodo 19:5-6 Col. 1:11-12 Juan 15:16